i Solferini

JACQUES CHARMELOT

La guerra è merda

Prefazione di Lilli Gruber

SOLFERINO

SOLFERINO

www.solferinolibri.it

Le citazioni alle pp. 30-33 sono tratte da
Erich Maria Remarque, *Niente di nuovo sul fronte occidentale*,
traduzione di Stefano Jacini, Neri Pozza, Vicenza 2016.

Le citazioni alle pp. 41-42 sono tratte da
Norman Mailer, *Il nudo e il morto*,
traduzione di Chiara Stangalino,
La Nave di Teseo, Milano 2020.

ISBN 978-88-282-1837-1

Prima edizione: ottobre 2025

La guerra è merda

A Georgette e Charles, Herlinde e Alfred,
che hanno vissuto la guerra
e ci hanno insegnato la pace.

Prefazione
di Lilli Gruber

Un buon giornalista ha due qualità essenziali: la curiosità e lo scetticismo. La curiosità spinge ad andare a cercare i luoghi inesplorati, i testimoni dimenticati, le cifre ignorate, mettendo in discussione stereotipi e preconcetti. Lo scetticismo invita a diffidare di slogan, propaganda e – nel nostro mondo dominato dalle immagini e dai fake – anche di quello che crediamo di vedere, di toccare con mano. Il buon giornalista è un decodificatore instancabile di ciò che legge, di ciò che vede e sente, di ciò che gli viene riferito. E, per evitare che curiosità e scetticismo diventino una prigione tra le cui mura rimbalzano solo dubbi, ha anche un'altra arma da mettere in campo: la conoscenza. Lo studio del passato lontano o recente, delle esperienze parallele in angoli remoti del mondo, illumina il presente e aiuta a comprendere e agire. Tutti i despoti del mondo lo sanno bene: il dominio sui corpi passa da quello sulle menti. La prima regola del loro manuale, infatti, è sbarazzarsi della stampa libera, colpire le università, delegittimare gli intellettuali (e magari incarcerarli o ucciderli).

Oggi la manipolazione dell'opinione pubblica e l'assalto contro il sapere hanno assunto dimensioni preoccupanti, persino nella prima democrazia del mondo, l'America. E c'è più che mai bisogno della voce di tutti coloro che credono in un'informazione chiara, diretta, imparziale. Per questo, quando mio marito Jacques mi ha parlato del suo progetto di un pamphlet contro la guerra, l'ho subito incoraggiato.

Jacques non ha mai amato i riflettori. È per via della sua esperienza professionale: ha lavorato per trent'anni sui fronti di guerra come corrispondente dell'Agence France-Presse (Afp) e la prassi, per i giornalisti di agenzia, è l'anonimato, perché in generale il loro nome non arriva al grande pubblico. Questo a Jacques andava benissimo: meno visibilità, più libertà di movimento. Quando l'ho incontrato a Baghdad, nel 1991, era un uomo che conosceva tutti e andava dappertutto.

Oltre a essere discreto, Jacques è silenzioso. Parla poco, ascolta molto e interviene quando è sicuro di quel che vuole dire e di come dirlo. È un'abitudine acquisita nella lunga carriera per l'Afp in Paesi dove il silenzio è d'oro: in Africa centrale e occidentale, poi in Iran, Libano, Siria, Iraq, Croazia, Bosnia... e anche a Washington, che pur non essendo un fronte di guerra può essere un nido di vipere. Oggi è autore e regista di documentari, sempre su argomenti «facili»: i danni irreparabili causati dalle armi all'uranio impoverito; le menzogne del potere legate alle guerre contro Saddam e contro Gheddafi; di recente gli affari sporchi della 'ndrangheta. In venticinque anni di matrimonio, posso dire di non essermi mai annoiata ad ascoltarlo parlare dei suoi progetti. Ed è stato sempre un partner imprescindibile per i miei.

Nel lavoro di preparazione, nei viaggi, nelle interviste, nelle ricerche e letture per i miei libri sui temi più caldi – dall'Iraq all'Iran, dall'America al Sudtirolo, dal femminismo alla pornografia – Jacques è sempre stato al mio fianco. Siamo da decenni un «dream team». E questo libro è urgente e necessario quanto tutti quelli su cui abbiamo lavorato insieme. Jacques, che ha vissuto la guerra fianco a fianco con le popolazioni colpite, a N'Djamena, Teheran, Beirut, Baghdad, Mogadiscio, Sarajevo. Ha visto amici uccisi, costretti a fuggire dalle loro case, messi di fronte alla scelta tra salvare se stessi o la propria famiglia. Per lui la guerra non è un concetto astratto. È sangue e merda, come racconta con efficacia in queste pagine. E deve sparire dalla faccia della Terra. Perché il ricorso alla violenza istituzionale è una terribile sconfitta dell'umanità, un arretramento della Storia, un ritorno alla legge della giungla.

Le analisi, i dati e i racconti che troverete in questo libro tracciano un quadro chiaro non solo della verità di ogni conflitto, con le sue conseguenze fisiche e psicologiche, ma anche dei giganteschi affari che stanno dietro al mercato bellico. E oggi, mentre il rumore delle esplosioni e degli stivali in marcia si fa sempre più forte e più vicino, tutti dobbiamo capire bene che cosa significa questo suono inquietante. La guerra in Ucraina, nel cuore stesso dell'Europa, e la sanguinosa devastazione operata da Israele a Gaza non sono solo tragedie terribili ma elementi di destabilizzazione globale. L'America di Trump, mentre non sa o non vuole opporsi con efficacia a Putin e a Netanyahu, ricatta un'Europa più fragile e divisa che mai, imponendo, oltre a dazi sconsiderati, un riarmo a tappe forzate ancora più dannoso.

È incredibile pensare che l'Europa si prepari a investire 800 miliardi di euro per quella che non è nemmeno la costruzione di una difesa comune – che ritengo invece molto opportuna – bensì una corsa agli armamenti dei singoli Stati nazionali. Uno sperpero di denaro pubblico inconcepibile mentre ovunque, e particolarmente in Italia, i servizi sanitari vanno in crisi, la scuola non ha i fondi necessari per istruire e innovare, i ponti crollano, i treni si fermano (quando ci sono) e le città soffocano nel traffico e nell'inquinamento. È iniquo pensare di destinare a bombe, caccia e droni fondi che dovrebbero essere investiti per ridurre disuguaglianze sempre più inaccettabili, per dare sollievo a povertà sempre più estese, per gestire in modo razionale ed efficace – e non costruendo cattedrali nel deserto in altri Paesi, vedi Albania – flussi migratori peraltro generati, spesso, proprio dai conflitti. Queste sono le emergenze, non rimettere insieme in pochi anni un'industria della difesa: cosa impossibile, e infatti eccoci pronti a fare shopping dai giganti del settore. I nostri «amici» americani, che considerano i loro alleati europei come mucche da mungere.

L'Italia è un caso esemplare, con la sua flotta di più di cento F-35, già consegnati o ordinati al prezzo di più di 100 milioni di dollari l'uno. Se il diktat americano delle spese per la difesa al 5 per cento, recentemente avallato dalla Nato, dovesse essere rispettato (cosa di cui dubito) il budget militare del nostro Paese passerebbe in dieci anni dagli attuali 45 miliardi di euro (circa il 2 per cento del Pil, di cui 35 per la difesa e 10 per la sicurezza) a 145 miliardi (100 per la difesa e 45 per la sicurezza). A meno di dichiarare lo stato di guerra, non vedo dove i governi Meloni e i successivi potranno trovare queste somme colossali.

Ed è proprio questo il pericolo: che l'avidità di chi sulla violenza costruisce le sue fortune ci trascini dove a nessun costo vorremmo andare. L'Europa ha imparato sulla propria pelle che in guerra perdono tutti. Dopo due devastazioni mondiali abbiamo ricostruito il nostro continente sul principio dell'unione e della collaborazione tra i popoli. Sappiamo nel più profondo di noi stessi, nella memoria delle nostre famiglie e comunità, che lo scontro non porta a nulla. Solo la cooperazione è garanzia di prosperità e di libertà per tutti. Eppure oggi il discorso pubblico è sempre più militarizzato. Ovunque in Europa, e in particolare in Germania, siamo tornati a parlare di riarmo, di nemico alle porte, di manovre ai confini. È un linguaggio ormai del tutto normalizzato.

La militarizzazione delle parole va di pari passo con la militarizzazione del pensiero. E, come raccontano queste pagine, con quella dello spazio pubblico. Più uniformi vediamo nelle strade, come accade nell'America di Trump, più ci convinciamo che corriamo un pericolo esistenziale. Diventiamo più pronti a prestare orecchio a chi ci parla di elementi da «eliminare», all'interno o all'estero: che siano i nazisti ucraini, i terroristi palestinesi, i migranti criminali. In un mondo in fiamme le luci sono forti e le ombre sono nere e non c'è posto per le sfumature, per il meticciato delle pelli e delle idee. Ci siamo noi contro loro. I buoni e i cattivi. Il compagno da salvare e il nemico da uccidere. E la nostra umanità annega in un oceano di orrori.

Ma noi siamo una società civile e vogliamo continuare a esserlo. Non possiamo assistere impotenti mentre questa intossicazione di violenza avvelena tutti i settori della vita privata, sociale e politica. Nelle strade, sui social, nella vita professionale, nello scambio quotidiano siamo sempre più incapaci di dialogo, sempre più rissosi, sempre meno aperti a capire le ragioni altrui, a studiare e ad ascoltare le voci critiche, a metterci in discussione. Questo è il morbo che, se non corriamo ai ripari, ci ucciderà, assieme al cancro delle disuguaglianze che gli ha preparato il terreno.

L'Europa è la nostra sola possibilità di salvezza: il sogno grazie a cui abbiamo costruito pace e prosperità su un terreno intriso di sangue. Nel mio lavoro al Parlamento europeo, un'esperienza molto preziosa, ho toccato con mano il senso e la grandezza del nostro progetto comune. Ma oggi questa grandezza si è appannata, come ha osservato con forza anche Mario Draghi, uno degli italiani più apprezzati sul piano internazionale, presentando un rapporto sullo sviluppo dell'Ue che ci chiama a uno sforzo straordinario, adeguato a tempi eccezionali. L'ex presidente della Bce ha a più riprese suonato l'allarme: «Il nostro modello di crescita sta svanendo. Le vulnerabilità stanno aumentando. E non c'è un percorso chiaro per finanziare gli investimenti di cui abbiamo bisogno. E ci è stato ricordato, dolorosamente, che l'inazione minaccia non solo la nostra competitività ma la nostra stessa sovranità».

L'Europa ha oggi la responsabilità di tenere la barra dritta, in un mondo che sembra aver perso la rotta. Deve prendere le distanze dal percorso dittatoriale su cui è avviata l'America di Trump. Deve ritrovare con la Russia una piattaforma di interessi comuni che mostri a Putin il vantaggio di porre fine a un'aggressione medievale. Deve assumersi le sue responsabilità nei confronti di Israele e dei palestinesi. Deve usare il suo peso economico e riconquistare un'autorevolezza politica, parlando con una voce unica e forte, investendo di più e meglio e prodigando ogni sforzo diplomatico per costruire alleanze, sinergie, progetti di cooperazione.

Vasto programma. Ma l'alternativa è l'inferno.

Roma, 29 settembre 2025

1
Il corpo corrotto

È sera a N'Djamena, la capitale del Ciad. È la mia prima missione per l'Agence France-Presse (Afp) in un Paese in guerra, siamo alla fine del 1983. Da quasi vent'anni il Paese è lacerato da un sanguinoso conflitto interno e nell'estate la Francia ha deciso di intervenire, per preservare quel «giardino di casa» africano, vestigio del suo passato Impero. Non manca un aspetto simbolico: nel 1940, il Ciad è stato la prima colonia a unirsi alla Francia Libera del generale de Gaulle.

Il contingente inviato da Parigi è forte di circa tremila uomini, supportati da una decina di caccia e di bombardieri. I combattimenti si svolgono nel deserto, nel Nord del Paese, ed è difficile arrivarci, per cui i corrispondenti della stampa come me si affidano spesso ai portavoce militari francesi per comprendere la situazione. Ma questa fonte di informazioni ufficiale non mi basta, voglio vedere qualcosa di più. Decido di visitare l'ospedale, dove affluiscono i feriti dal fronte.

Il mio albergo si chiama La Tchadienne e si trova sulla riva del fiume Chari, che è quasi in secca. Quella che pomposamente si definisce «la mia camera» ha due lettini senza lenzuola, ampie finestre con dei pannelli di cartone al posto dei vetri e un telefono appoggiato sul comodino, purtroppo come soprammobile dato che manca il cavo. Il bagno è abitato da un enorme scarafaggio che ritiene di avere più diritto di me a trovarsi lì, e quando faccio la doccia si riversano sulla mia testa litri d'acqua sabbiosa. I serbatoi dell'hotel, riempiti periodicamente da autocisterne, sono infatti installati all'aperto sul tetto e sono il perfetto ricettacolo per la polvere rossa del deserto sollevata dalle raffiche di armattano, il vento da nord-ovest. Esco da quell'alloggio verso sera, chiudendomi alle spalle la porta, priva del lusso inutile di una chiave.

Sulla mia scassata Peugeot 504 a noleggio attraverso il quartiere «occidentale» di N'Djamena. Su ogni palazzo spiccano i segni dei combattimenti tra i gruppi armati rivali. È già notte fonda quando raggiungo l'ospedale, dopo aver guidato con cautela nell'oscurità crescente. Non c'è segnaletica a indicarmi la via e, inutile dirlo, nessuna illuminazione pubblica nella capitale di un Paese tra i più poveri al mondo, e per di più in guerra. Cerco l'ingresso del parcheggio, ma i fari dell'auto illuminano solo un cartello di divieto d'accesso. È chiaro che ho trovato invece l'uscita, ma non posso vagare senza meta attorno a questo ospedale per tutta la notte, e la imbocco con decisione. Non mi sfiora il sospetto che quel cartello sia, in realtà, un sottile avvertimento: meglio non entrare.

Il vasto cortile in cui mi ritrovo è invaso da un folto agglomerato di persone. La mia auto avanza con esasperante lentezza in quell'assembramento, in cui individuo soprattutto donne, coperte da veli variopinti e che stringono al seno dei fagotti, sicuramente neonati. Parcheggio sotto un eucalipto ed esco in quell'oscurità brulicante: un immenso accampamento, ombre sedute attorno a falò improvvisati, effluvi di carne grigliata e minestra di miglio, fumo che sale nell'aria satura di calore. Qua e là sono state erette tende di fortuna, dove qualcuno cerca di riposare su coperte stese a terra. Comprenderò più tardi che si tratta delle famiglie dei pazienti dell'ospedale, che nessun altro pensa a nutrire o a riportare a casa.

Entro finalmente nell'edificio principale. Poche lampade alimentate da un generatore illuminano corridoi fatiscenti. Subito, un puzzo fetido mi invade narici e gola. In ogni sala, malati o feriti sono ammassati sui letti o direttamente sul pavimento. Sono arrivati dal fronte con orribili ustioni da munizioni al fosforo. Hanno viaggiato per ore sul retro di pick-up Toyota, avvolti in una coperta, per evitare che a contatto con l'aria il fosforo si riaccendesse bruciando la loro carne.

Incontro due chirurghi militari francesi: la loro dedizione e determinazione mi fa pensare ai monaci ospedalieri del Medioevo. E, in effetti, operano in condizioni medievali: senza elettricità, alla luce di lampade a olio, senza acqua corrente, e a volte senza anestetici. Sono loro a spiegarmi la folla che ho incontrato nel cortile. Ogni notte, mi dicono, arrivano qui tantissime donne, portando i loro neonati. Hanno camminato per giorni sotto il sole cocente, con poca acqua, quanto basta per sopravvivere. In braccio hanno bambini di pochi giorni, a volte di una settimana. Sono troppo deboli per allattarli, e la loro unica speranza è trovare aiuto all'ospedale di N'Djamena. Dove, però, queste madri devono affrontare la prova più terribile. Quando si presentano al triage, all'entrata del pronto soccorso, il medico o l'infermiere di servizio fa un gesto molto semplice: pizzica la pelle del neonato sul dorso della mano o sull'avambraccio. Se la pelle si attacca, come se restasse incollata, anziché ridistendersi nella sua flessibilità naturale, è già tardi. Quel corpicino scheletrico è troppo disidratato per poterlo salvare. Il neonato è condannato. La madre se ne ritorna verso il deserto, senza speranza, portando quello che presto sarà solo un cadavere. Se, al contrario, la pelle si ridistende, c'è ancora una possibilità e la donna viene accompagnata col suo bimbo verso una delle stanze dell'ospedale.

In questa notte, nel cuore ardente di N'Djamena, capisco che la vita può dipendere da un semplice bicchiere d'acqua. E guardo in faccia la verità della guerra: le immense risorse destinate a distruggere e uccidere potrebbero salvare milioni di creature che muoiono silenziosamente di sete.

Chiedo ai chirurghi militari da dove viene questa puzza che invade ogni angolo dell'ospedale. Uno di loro mi risponde, senza batter ciglio: «È la merda». L'edificio è stato costruito su una fossa settica, ma senza che fossero previsti l'evacuazione o il trattamento dei suoi rifiuti. Le deiezioni dei pazienti, così come il sangue, l'urina e tutto il resto, si mescolano in un brodo putrido al di sotto dei nostri piedi. Di tanto in tanto, senza una periodicità precisa, la fossa viene svuotata: bisogna aspettare che sia disponibile qualche camion destinato a questo tipo di operazioni. Nel frattempo, un luogo che dovrebbe essere un'oasi di speranza e rinascita galleggia letteralmente su un mare di escrementi.

Questa immagine non mi ha mai più abbandonato e ha sempre rappresentato per me la terribile realtà delle guerre. È anche la metafora del modo in cui i conflitti provocano l'irreparabile degradazione fisica e morale degli esseri umani. È una verità semplice, che non tutti possono toccare con mano come è capitato a me. Ma mostrarla, spiegarla, documentarla è l'unico modo per far sì che i cittadini informati si mobilitino per rispondere «no» all'appello delle armi.

Un poeta in trincea

Quando sono partito per il Ciad, mio padre non c'era già più. Era morto nel 1975, a settantasette anni. Nato nel 1898, era un uomo di un altro secolo. E di un'altra guerra. Charles, infatti, aveva combattuto nelle trincee durante il primo conflitto mondiale. Figlio di una famiglia povera del Centro della Francia, orfano, si era arruolato non ancora sedicenne ed era rimasto sotto le armi fino al 1922. Oggi mi dispiace non avere avuto la curiosità di interrogarlo, quando ero ragazzino, su questa parte della sua vita. Poi è arrivata la malattia e nei suoi ultimi anni, proprio quando nasceva il mio interesse per i grandi passaggi della nostra Storia, non sono sicuro che avrebbe voluto frugare nel suo passato. Solo più avanti ho fatto una scoperta che mi ha permesso di sollevare il velo del silenzio paterno, e ne parlerò tra poco.

Charles è uscito vivo dall'immane macello che fu la Grande Guerra, la «*der des ders*», la chiamavano all'epoca i francesi, l'«ultima delle ultime». Non c'è dubbio che abbia avuto fortuna, con un bilancio che arriva a quasi dieci milioni di morti tra i combattenti e più di venti milioni di feriti. Ricordo ancora le «facce spaccate» che incrociavo da bambino nel mio quartiere, non lontano dall'ospedale, l'Institution Nationale Des Invalides, a Parigi. Erano gli uomini scampati alla morte sul fronte, ma tornati con il viso distrutto e ricostruiti alla meglio dai chirurghi dell'epoca. E la Prima guerra mondiale non aveva certo risparmiato i comuni cittadini, né nel campo della Triplice intesa (di cui faceva parte la Francia), né nel campo avverso: in tutto, c'erano stati almeno nove milioni di vittime civili. Alcuni, la minoranza, erano stati in qualche modo coinvolti nei combattimenti, ma la maggior parte erano morti per altre cause: le carestie, le epidemie, e i massacri, a cominciare dal genocidio armeno commesso dai turchi. Tragedie che avevano dilagato su una scala senza precedenti.

Oggi che di conflitti ne ho visti tanti di persona, capisco perché Charles non abbia mai affrontato l'argomento con me o con le mie due sorelle. Cosa avrebbe potuto raccontarci, della «sua» guerra? I ricordi dei soldati sono raramente eroici e quelli dei *poilus*, i pelosi, non facevano eccezione, a dispetto del nome. I combattenti della Prima guerra mondiale erano infatti soprannominati così non perché fossero mal rasati (al contrario: il viso doveva essere glabro per poter posizionare al meglio la maschera antigas), ma perché il pelo era considerato un simbolo di virilità, una garanzia di coraggio. Nel francese dell'epoca, un *type au poil* era un tipo in gamba, uno a posto, su cui si poteva contare. Quindi, i *poilus* erano uomini ardimentosi. E ci voleva parecchio coraggio per affrontare non solo gli scontri a fuoco, ma anche e soprattutto le terribili condizioni in cui si viveva nelle trincee. So bene, oggi, che i ricordi di Charles, come quelli dei suoi compagni, non dovevano avere molto a che vedere con valorose gesta guerresche. Erano piuttosto memorie ossessionanti di paura, fame, sete, sporcizia, fango, pidocchi. La puzza dei corpi vivi e il fetore dei cadaveri.

Ho letto alcune lettere di *poilus* che cercavano di

raccontare la loro quotidianità. Non è facile parlar chiaro, quando la censura militare vigila. Non conveniva lamentarsi quando i refrattari, i dissidenti e, peggio ancora, i disertori venivano puniti o direttamente fucilati. Leggiamo per esempio Jean Déléage, sposato, padre di due figli, ispettore della scuola elementare, che scrive a sua moglie Louisette il 29 settembre 1915.

> Mia cara Louisette, te l'ho promesso quasi solennemente, di dirti la verità; e ora lo farò, ma in cambio tu mi hai giurato di tener saldi i nervi e l'animo. Da stamattina sono nelle trincee conquistate due giorni fa, e tra trincee e cunicoli questo è un vero e proprio labirinto, in cui stanotte ho vagato per tre ore, del tutto perso. Le tracce di questo scontro feroce sono numerose e impressionanti, a cominciare dal fatto che le trincee sono distrutte per oltre la metà dall'uragano di mitraglia della nostra stessa artiglieria, oltre a essere scomode e orribilmente sporche nonostante le riparazioni urgenti che abbiamo fatto. Tutto manca: l'acqua (pulita o sporca), il coraggio, le latrine, che sono a meno di 200 metri dalla linea nemica, con la quale comunicano attraverso stretti passaggi ostruiti. Ovunque ci sono cadaveri francesi e tedeschi, ne posso contare senza sforzo almeno venti, irrigiditi nelle pose più macabre. Questa vicinanza non è ancora

> nauseabonda, ma è comunque terribile da guardare. Stamattina, alle 5, arriviamo bagnati e sfiniti, ed entro nel primo riparo disponibile per riposarmi; noto un tavolaccio solido, mi ci stendo, sento del morbido e cinque minuti dopo mi accorgo che sotto a fare da materasso ci sono due cadaveri tedeschi; e be', credimi, non si resta indifferenti, almeno la prima volta.[1]

E poi c'è Jean-Claude, che scrive, il 16 aprile 1916, a sua moglie Ginette:

> Ti scrivo per dirti che ho conosciuto la morte da vicino questa notte, ma ora tutto va per il meglio. La vita intera mi è passata davanti agli occhi. A causa di un tiro di obici nella mia trincea, l'alcova dove dormivo è crollata, uccidendo due dei miei compagni. A me è cascata una trave sulla gamba, che si è infettata, così che i dottori sono stati obbligati a tagliarmela. Ora non rischio più nulla perché mi hanno trasferito fuori dalla zona di combattimento. Posso dirti che sono felice di essere uscito da quell'inferno con i topi, i pidocchi, le piattole, il fango, i cadaveri, i tiri di artiglieria. So che te l'ho già detto nelle mie lettere precedenti ma l'odore dei compagni morti da tre giorni è orribile. Eppure, nonostante tutta questa sventura e tutto questo odio, penso continuamente a te, a te, Ginette. Tu illumini il mio cuore come il sole che sor-

ge sul campo di battaglia ancora fumante dagli obici della sera prima.

Sono sicuro che Charles debba aver inviato lettere a sua sorella, che lo aveva cresciuto dopo la morte dei loro genitori, ma non le ho ritrovate negli archivi di famiglia. Invece, pochi mesi fa, ho fatto una scoperta che mi ha lasciato stupefatto. In una piccola valigia di cuoio, recuperata nella casa di mia madre Georgette a Parigi dopo la sua morte il 19 novembre 2015, ho rinvenuto un plico di fogli scritti a mano. In tanti anni, non mi era mai venuto in mente di aprire quella valigetta marrone su cui spiccava un'etichetta, nella calligrafia di mia madre: DOCUMENTI DI CHARLES CHARMELOT. Quell'oggetto mi aveva seguito ostinatamente in diversi traslochi, per finire nella cantina dell'appartamento dove abito ora con mia moglie Lilli, a Roma. Proprio lì, un bel giorno, mentre mi accingevo all'impresa di raccontare il pericolo della rapida militarizzazione nelle nostre società europee, ho finalmente aperto lo scrigno dei ricordi.

Tra i fogli molto sottili che ne ho estratto, ho trovato un fiume di versi alessandrini. Mio padre, da giovane, scriveva poesie. Impossibile, mi sono detto. Mio padre, tornato dal fronte, aveva studiato per diventare ingegnere minerario alla scuola finanziata dall'acciaieria Schneider a Le Creusot. Si era occupato per tutta la vita di carbone e acciaio. Non me lo sarei mai immaginato con la penna in mano, intento a trasporre in versi i sentimenti che lo abitavano. Ebbene, mi sbagliavo. Ho cominciato quasi con ritegno a sfogliare quelle pagine. Le prime datavano al gennaio 1913, quando Charles aveva appena compiuto quattordici anni.

Io che non sarei buono che a fare il facchino
ho voluto rimare. Sì! Non sono forse malato?
Pazzo da legare? Da un anno, mi arrabatto
con questi sventurati versi. Ne faccio un'insalata,
una salsa, un pasticcio che la mia mente fragile
lei stessa non può più decifrare che a gran pena.

All'epoca mio padre stava crescendo nella miseria, in un villaggio chiamato Montchanin, in Borgogna, una regione conosciuta per i suoi vini ma anche per le sue miniere di carbone. Per Charles, la strada era tracciata: avrebbe fatto il minatore. Ma chiaramente aveva altre ambizioni. Più avanti nello stesso anno scrisse la *Lamentazione del poeta*.

In un tetro tugurio,
un giovanissimo poeta schiacciato dalla miseria

respinto, come l'ultimo dei maledetti
dalla società che regna sulla terra,
confida ai fogli bianchi ciò che al mondo deve tacere.

In questo stesso testo invoca la morte per sfuggire alla sua condizione. Ma la Storia deciderà diversamente.

Nel 1914 scoppia la guerra tra la Francia e la Germania. Charles, che non ha ancora sedici anni, prima ancora di essere chiamato al fronte si arruola volontario e parte. Nelle trincee continua a scrivere.

La notte è calma e pura, e dal campo di strage
dove per tutto il giorno la battaglia ha infuriato,
si eleva verso il cielo un greve brivido d'orrore.
Là, feriti, morenti che rantolano di terrore.
Là, corpi, più lontano corpi sempre, a centinaia.
Il suolo si è vestito di un velo di carne umana.
O Morte, cosa hai fatto? I nostri fratelli ieri pieni di
[speranza,
li hai segnati con il tuo dito freddo e nero!
E la luna proseguendo il suo corso impassibile
getta uno sguardo livido su questo spettacolo orribile!

Continuando a sfogliare mi fermo su un altro testo, scritto nel dicembre 1914, che centra perfettamente il cuore di ogni guerra: lo sradicamento del genio umano. L'abbandono forzato della pulsione creativa a favore della forza distruttiva.

Poeta, zaino in spalla, poeta, alla trincea
tu non ti appartieni più, la Francia che ti vuole
dei tuoi canti inteneriti non ascolta più i voti.
Tu che canti la vita, accorri a portare la morte!
Poeta, alla trincea e colpisci senza pietà.

Non sono sicuro che mio padre avesse la pretesa di scrivere versi capaci di sopravvivere al tempo, tantomeno immortali. Ma quello che trovo interessante è il modo in cui si distacca dalla poesia patriottica che era così popolare durante la Grande Guerra. Sono stati in migliaia, forse in milioni, a scrivere dal fondo delle trincee. Era l'unico modo di sconfiggere la noia, tra un bombardamento e un assalto alla baionetta. I giornali dell'epoca erano avidi di poesie dal fronte, debitamente vagliate e approvate dalla censura. I temi erano molto conformisti e li ritroviamo oggi nella propaganda che accompagna i conflitti, per esempio quelli in Ucraina o in Palestina: la glorificazione della patria; il pericolo esistenziale per la nazione; l'odio verso il nemico dipinto come barbaro o animale; il combattimento giusto, dalla parte del bene; la certezza della vittoria. Il tono di Charles mi sembra più riservato, più diffidente nei confronti dei motivi del conflitto. E più attento ai sacrifici richiesti agli uomini al fronte, e soprattutto ai giovani come lui, che hanno scelto la guerra per sfuggire a una condizione di grande povertà. Quando scrive «Tu che canti la vita, accorri a portare la morte», espone la tragedia del combattente che si disumanizza uccidendo, e disumanizza l'avversario per ucciderlo.

Mentre stringo in mano questo mucchietto di fogli, da cui mi separano più di cento anni e volumi interi di storia, mi manca mio padre. Le sue poesie ritrovate, al tempo stesso franche e ingenue, non avranno mai la stessa forza dei discorsi e dei pensieri che avremmo potuto condividere a voce. Charles se n'è andato, portando via i suoi pensieri e senza dubbio molti segreti. Ma avrebbe parlato?

Dare l'assalto al mondo

È stato un libro ad aiutarmi a comprendere meglio l'esperienza di mio padre e dei suoi commilitoni. Lo ha scritto nel 1928 un tedesco, Erich Maria Remarque, ed è il racconto in prima persona di un soldato ventenne, Paul Bäumer: *Im Westen nichts Neues* (*Niente di nuovo sul fronte occidentale*). Attinge all'esperienza di Remarque stesso, che si arruolò nell'esercito del Kaiser all'inizio della guerra, a diciotto anni.

Il romanzo, che inizia nel 1916, è diretto, pulito, chirurgico. Disseziona per il lettore la vita e la morte al fronte e le spaventose condizioni quotidiane. Spoglia la guerra della sua dimensione eroica e la riconduce ai suoi aspetti più fisiologici. «Per il soldato, lo stomaco e la digestione sono realtà a cui pensa più di quanto facciano altri esseri umani»[2] scrive Remarque proprio all'inizio del libro, in una scena in cui tre amici, tra cui Paul, di ritorno dal combattimento trovano un momento di pace seduti su latrine portatili, fumando e giocando a carte. «Tutti questi atti fisiologici hanno riacquistato per noi un carattere di innocenza, grazie al loro avvenire forzatamente in pubblico. Dirò di più: essi ci sono così familiari che il loro placido adempimento viene valutato, poniamo, come una partita a carte ben condotta, al riparo delle bombe.» Dopo questo momento che trasforma una funzione corporale in una pausa idilliaca di cameratismo, Remarque introduce il suo personaggio, e il lettore, nel vivo della questione: la disumanizzazione. «Quando partiamo siamo dei soldati qualunque, brontoloni o di buon umore a seconda dei caratteri; ai primi appostamenti di artiglieria tutto cambia, e ogni nostra parola ha una risonanza nuova. [...] Noi partiamo soldati allegri o brontoloni; quando giungiamo nella zona del fuoco siamo diventati una razza belluina» osserva Paul, e ancora: «Siamo diventati belve pericolose: non combattiamo, ci difendiamo dall'annientamento».

Di pagina in pagina, la guerra svela la sua natura: una degradazione del corpo e una regressione dell'umanità. Remarque evoca la paura che svuota gli intestini. Durante un bombardamento particolarmente violento, una giovane recluta si nasconde tra le braccia di Paul. Ritorna la calma, le esplosioni si allontanano. Paul racconta: «Mi rialzo e scuoto la recluta per le spalle: "È passata, bambino! È andata ancora bene...". [...] Vede il suo elmetto e se lo rimette in testa: adagio ritorna in sé... ma a un tratto diventa rosso come un peperone, imbarazzato. Con prudenza mette la mano al sedere e mi fissa angustiato. Ho capito subito: diarrea di guerra. [...] Lo consolo ugualmente: "Non ci badare, non c'è da vergognarsi. Gente ben diversa ha riempito i calzoni dopo il primo attacco. Va' dietro il cespuglio, butta via le mutande e non pensarci più"».

Più tardi, quando i combattimenti si fanno più duri, tra i corpo a corpo nelle trincee, gli attacchi con il gas, l'approvvigionamento che funziona a singhiozzo, Paul racconta: «Noi invece siamo magri e spossati dalla fame. Il nostro vitto è così cattivo e in tanta parte composto di surrogati che ci siamo ammalati. I produttori in Germania sono diventati ricchi signori, ma a noi la dissenteria brucia le budella. Le latrine da campo sono sempre piene zeppe. Bisognerebbe mostrare a quelli a casa queste facce grigie, gialle, miserabili, rassegnate, queste figure curve a cui la colica spreme il sangue dal corpo, e che si contentano di ghignarsi l'un l'altro, con le labbra tremanti dal dolore: "Non vale neppure la pena di tirare su le brache"».

Remarque/Paul descrive anche le vittime dei combattimenti con una chiarezza terrificante: «Vediamo vivere uomini a cui manca il cranio; vediamo correre soldati a cui un colpo ha falciato entrambi i piedi e che incespicano, sui moncherini feriti, fino alla buca più vicina; un caporale percorre due chilometri sulle mani, trascinandosi dietro ginocchia fracassate; un altro va al posto di medicazione premendo le mani contro gli intestini che traboccano». La guerra uccide, ferisce e distrugge ma, peggio ancora, annienta la fiducia degli uomini nel futuro: «Non siamo più giovani, non ci interessa più dare l'assalto al mondo. Siamo dei profughi, fuggiamo da noi stessi. Avevamo diciott'anni, e cominciavamo ad amare il mondo e l'esistenza: ci hanno costretti a spararle contro. La prima granata ci ha colpiti al cuore».

Il conflitto si prolunga, l'esercito del Kaiser è allo stremo delle forze. Il tono di Paul si fa sempre più amaro di fronte a uno scontro insensato che distrugge il futuro collettivo. «Io vedo dei popoli spinti l'uno contro l'altro, e che senza una parola, inconsciamente, stupidamente, in una incolpevole obbedienza si uccidono a vicenda. Io vedo i più acuti intelletti del mondo inventare armi e parole perché tutto questo si perfezioni e duri più a lungo.» E la conclusione è disperata: «Dev'essere tutto falso e inconsistente, se migliaia d'anni di civiltà non sono nemmeno riusciti a impedire che scorressero questi fiumi di sangue».

Il libro di Remarque ha avuto un enorme successo in tutto il mondo. È considerato un capolavoro della letteratura ed è una delle massime denunce mai scritte sulla brutalità e sulla vanità della guerra. Qualche decennio dopo la sua pubblicazione, in Germania, i nazisti lo misero al bando dichiarando che non era patriottico e presentava il combattimento sotto una luce negativa. Imbavagliare la verità è una caratteristica dei regimi totalitari. Remarque finì in esilio in Svizzera e poi negli Stati Uniti.

Non è cambiato nulla

Perché evocare conflitti del passato quando quelli del presente sembrano così vicini? Tra Ucraina e

Russia nel cuore stesso dell'Europa, o in Palestina, teatro di una violenza senza precedenti in quell'area. Toni bellicosi dominano il discorso pubblico, si parla di «riarmare» l'Europa, le nostre menti e le nostre società si militarizzano. Come se rituffarsi in una guerra globale fosse una via ormai tracciata, dalla quale solo gli ingenui, gli idioti o i traditori possono pensare di deviare. Ma proprio per questo il racconto del passato, più o meno recente, ci può aiutare. A quanto pare, chi ci governa non ha imparato nulla dalla Storia del mondo. Bisogna riportare un po' di memoria al cuore del dibattito, che altrimenti finisce per svolgersi nel vuoto morale e culturale. Non facciamo che rimpallarci slogan e concetti della propaganda, senza il minimo spirito critico. Ma la guerra è merda, questo è l'unico slogan che abbia una qualche attinenza con la realtà. Nel passato e nel presente, il suo risultato è la disumanizzazione, fisica e morale, questa è l'unica verità di qualunque conflitto. Farcela dimenticare è il lavoro dei guerrafondai. Ricordare è il nostro.

In un recente viaggio a Parigi, guardando la televisione, sono capitato su un reportage dall'Ucraina del canale francese TF1. Veniva intervistato un soldato ucraino, a viso coperto per mantenere l'anonimato. Raccontava la durezza dei combattimenti sul fronte, i lunghi mesi di mobilitazione in condizioni che ricordavano quelle della Prima guerra mondiale, ma siamo nel 2025. Parlava degli assalti a ondate, in cui i soldati russi si mischiavano ai nordcoreani. Dei bombardamenti incessanti, degli attacchi con artiglieria e droni. Evocava, in un tono piatto, volutamente privo di emozione, le perdite all'interno della sua unità, i morti che rimanevano sul campo di battaglia perché era troppo rischioso andare a recuperarli. Quanta differenza dall'epica dei cittadini in armi per difendere non solo l'Ucraina, ma l'Europa e la civiltà. Quanta distanza dal racconto russo di una campagna necessaria contro gli eredi del nazismo. «È tutta politica di merda, a parole non siamo come i russi, ma nei fatti è la stessa cosa» spiegava questo soldato anonimo. «Ci sono gli arrivisti, gli abusi di potere, gli ordini criminali. E alla fine dei conti questo pantano non si aggiusterà, anzi peggiorerà.» Se la stampa potesse lavorare liberamente in Russia, di certo ascolteremmo anche da lì testimonianze analoghe. Due popoli sono ostaggio della vendetta e degli interessi dei loro governi e delle nazioni straniere che li sostengono. È ormai insensato chiedersi chi vince e come: un falso problema. La Storia infatti ci insegna che, in generale, i conflitti finiscono male per chi li scatena. Ma oggi dobbiamo andare oltre la logica binaria tra vittoria e sconfitta e capire che ne usciamo male tutti: perché le guerre non sono che gigantesche armi di distrazione di massa, in un momento in cui dobbiamo affrontare vere sfide esistenziali. Il riscaldamento del Pianeta, le catastrofi climatiche non aspettano la tregua o la pace per proseguire la loro opera.

Non è un accostamento casuale. Il disprezzo per il degrado del nostro ambiente va di pari passo con il disprezzo per il prossimo: sono aspetti di una stessa ideologia del superuomo, onnipotente, padrone della natura e della vita. Un'ideologia nefasta che porta al collasso morale.

In un reportage del 28 luglio 2025, la giornalista del quotidiano «Haaretz» Amira Hass racconta il comportamento dei militari israeliani nei territori occupati della Cisgiordania. Il titolo dell'articolo non lascia alcun dubbio: *Gli escrementi di soldati israeliani nelle pentole: quando unità dell'Idf hanno occupato centinaia di case in Cisgiordania*.[3] La scrittrice e giornalista israeliana, conosciuta per la sua difesa intransigente dei diritti dei palestinesi che vivono sotto l'occupazione, torna sugli eventi accaduti in una decina di giorni nella seconda metà di giugno, durante i quali Tsahal (acronimo dell'«armata di difesa di Israele») si è dispiegata in diverse località della Cisgiordania. Lo scopo dell'operazione era identificare e arrestare o eliminare membri di Hamas, responsabile del massacro del 7 ottobre 2023. Nel corso dell'operazione di giugno, le unità israeliane hanno preso possesso di 250 case a Jenin, nel campo profughi di Balata, a Hebron e dintorni, dopo averne sloggiato gli abitanti. L'operazione è coincisa con lo scontro tra Israele e Iran durato dal 13 al 24 giugno.

Abbandonando le abitazioni, i soldati hanno lasciato dietro di sé distruzione e desolazione, ma soprattutto la desacralizzazione dei luoghi di vita di chi in quelle case abitava. Le libertà individuali delle popolazioni locali sono assai ridotte al di fuori delle mura delle loro abitazioni; ora anche l'interno era stato violato. «Numerose testimonianze descrivono mucchi di immondizia e lo stato di sporcizia lasciato dai militari – in particolare materie fecali nelle pentole o sulle coperte e bottiglie piene di urina» ha scritto Hass. Porte sfondate, mobilio distrutto, biancheria insozzata, riserve d'acqua esaurite, nulla è stato risparmiato, a quanto raccontano le famiglie che vi sono ritornate, e come conferma l'organizzazione israeliana per la difesa dei diritti umani B'Tselem. E non si tratta di quei particolari soldati, di quella particolare situazione: è la guerra a generare questi e altri mostri. E gli scontri senza fine, protratti per decenni e per generazioni, come quello israelo-palestinese, tirano fuori il peggio da tutti i contendenti. La violenza – dispiegata, inflitta, subita – è un cancro che divora gli esseri umani dall'interno. E le persone in guerra si svuotano della propria dignità, come le loro viscere rigurgitano la merda che hanno accumulato.

È solo di recente che gli aspetti più intimi, ma anche più vergognosi, della vita militare sono stati oggetto di ricerche serie. Nel 2007 un ex ranger dell'esercito americano, Dave Grossman, ha scritto un libro, *On Combat*,[4] divenuto un testo di culto nei circoli militari e negli apparati di sicurezza negli Stati Uniti. A colpire è stata anche la franchezza con cui tratta le reazioni fisiologiche del corpo del soldato in combattimento. Grossman scrive: «Le ricerche dimostrano che se hai un "peso" a livello del tuo basso ventre, in una situazione in cui rischi la vita, questo "peso" deve essere evacuato. Il tuo corpo ti dice: controllo della vescica? Non pensarci. Controllo degli sfinteri? Non occorre!». Secondo Grossman, quelli che chiama i «guerrieri» non ammettono che questo tipo di reazioni fisiche possa capitare anche a loro: sarebbe troppo lontano dalla loro idea di virilità. Eppure, un rapporto ufficiale sulle performance dei soldati americani durante la Seconda guerra mondiale ha stabilito che un combattente su quattro aveva confessato di aver urinato nell'uniforme, e il 12 per cento di aver defecato nei pantaloni. Per Grossman, se si restringe il campione solo ai militari che sono stati in battaglia le percentuali vanno raddoppiate: è una buona metà a non aver potuto controllare la vescica, sono un buon quarto quelli le cui viscere hanno ceduto. «La realtà è che l'umiliazione e lo stigma sociale associati al fatto di "farsela addosso" sono tali che molti non vogliono riconoscere la verità» osserva.

Una decina d'anni dopo la pubblicazione di *On Combat*, i ricercatori del Cnrs francese hanno potuto analizzare, grazie ai progressi tecnologici, resti di soldati della Grande Guerra e campioni di terra dei luoghi in cui erano accampati. Era la prima volta che uno studio scientifico affrontava gli aspetti fisiologici di quel conflitto, in cui tenere la posizione era stato fondamentale. «La rilevazione di parassiti intestinali nei soldati della Prima guerra mondiale porta una prova supplementare delle condizioni spaventose in cui vivevano questi uomini» si può leggere nello studio, pubblicato nel 2015. «La presenza di questi parassiti sottolinea una cattiva igiene corporale e un inquinamento fecale dell'ambiente, persino degli alimenti. I sintomi legati alla presenza di questi parassiti sono generalmente lievi. Tuttavia, in certi casi, si possono avere dolori addominali, nausea, vomito, diarrea o costipazione, fino a occlusioni intestinali.»[5]

Nudi e morti

Attorno alla metà del Novecento, sul palcoscenico bellico globale si impone una nuova potenza: gli Stati Uniti. A partire dal secondo conflitto mondiale e fino ai nostri giorni, infatti, è l'America a svolgere un ruolo centrale nella preparazione e nello svolgimento delle guerre. È anche il Paese che ha fatto del patriottismo un pilastro ideologico fondamentale della coesione nazionale, un potente motore della sua industria della difesa e la giustificazione di una militarizzazione accelerata della società. È quindi naturale anche per noi europei, sebbene non ci manchino i racconti e gli studi sull'argomento, cercare oltreoceano i campanelli di allarme sul rischio di una banalizzazione della forza come soluzione a tutti i problemi. La legge del più forte non deve sostituire la forza della legge: è una verità elementare che vale tanto per le nazioni quanto per gli individui. E non è un caso se i grandi romanzi americani ci hanno messo di fronte alla raffigurazione cruda di ciò che accade alle persone quando la violenza prende il sopravvento sulla civiltà.

All'indomani della Seconda guerra mondiale, lo scrittore americano venticinquenne Norman Mailer si lancia nella scrittura del suo romanzo d'esordio. *Il nudo e il morto*, pubblicato nel 1948, è uno dei primi racconti dello scontro titanico tra gli Stati Uniti e il Giappone, nel Pacifico. In circa settecento pagine, Mailer narra la storia di una compagnia di militari americani che hanno ricevuto l'ordine di conquistare un'isola vicina alle Filippine. Sin dalle prime righe, la loro cruda realtà è descritta senza sconti.

La scena si apre sull'attesa inquieta di un soldato anonimo, a bordo di una nave da trasporto nella notte che precede lo sbarco sull'isola immaginaria di Anopopei. Per sfuggire all'umidità e al fetore della stiva dove dormono le truppe, si reca nei bagni comuni. Si abbassa i pantaloni, chiede una sigaretta al vicino e lascia scorrere il tempo. «Non aveva nessun bisogno di venirci in realtà, ma ora se ne sta seduto lì perché l'aria è più fresca, e preferisce l'odore della latrina, del cloro, dell'acqua di mare e del metallo bagnato a quello opprimente degli uomini sudati giù nella stiva.»[6]

Subito dopo lo sbarco, la compagnia viene inchiodata al suolo dai tiri di mortai giapponesi. Gli uomini si disperdono, scavano buche, tentano di proteggersi. Una giovane recluta, Hennessey, si ritrova separata dal grosso della truppa. Sente esplodere colpi tutto intorno ed è preso dal panico. «Basta! Basta!» urla. Rimane sdraiato, scosso da tremiti per quasi un minuto dopo che il fuoco è cessato.

Sente un calore umido tra le cosce e pensa immediatamente: sono ferito. Lì per lì prova sollievo, immagina un letto d'ospedale. Poi però si passa una mano nei pantaloni, «e capì con disgusto di essersela fatta addosso».

Hennessey, al suo battesimo del fuoco, prova una tremenda solitudine. Pensa a suo padre e alla faccia che farà quando gli racconterà questa storia. Decide di strisciare fuori dalla sua buca. Poi si mette a correre sulla spiaggia, tornata silenziosa, ma ha la divisa piena di feci e si ferma a slacciare i pantaloni, per cercare di liberarsene. È allora che ricominciano gli spari. «Poi udì il sibilo terrificante di una bomba che gli piombava addosso. Fece una mezza piroetta su se stesso e si gettò nella sabbia. Forse riuscì a sentire il boato dell'esplosione prima che la scheggia di uno *shrapnel* gli spaccasse la testa in due» scrive laconico Mailer.

Il romanzo non ha alcuna remora nell'esplorare in maniera precisa e brutale i sentimenti che tormentano i protagonisti. Nei soldati dell'unità di combattimento tutto si mescola: la paura, l'odio, la stanchezza, la degradazione fisica e mentale. Lo specchio di questo stato interiore sono le deiezioni di questi esseri esausti, il sudore, l'urina, le materie fecali. Il solo eroismo è sopravvivere, anche a costo di perderci la ragione e l'anima. Siamo lontani da tanto mainstream di Hollywood e dalle versioni asettiche o epiche delle avventure militari. Acclamato dalla critica come «un incubo, capolavoro di realismo», *Il nudo e il morto* ha avuto un enorme successo negli Stati Uniti e nel mondo.

Passano pochi decenni e siamo in Vietnam, un'altra guerra che ha segnato l'immaginario americano. È *Matterhorn* di Karl Marlantes a raccogliere il testimone di Mailer, raccontando la storia di un'unità di marines che deve impadronirsi di un promontorio vicino al confine tra Vietnam e Laos. Il tono è chiaro fin dal primo paragrafo. Il tenente Mellas esce dalla giungla alla testa del primo plotone della compagnia Bravo. Esausti, zuppi di pioggia e sudore, i suoi uomini si avvicinano al perimetro di filo spinato che protegge il loro campo base. Mellas è così stanco che non riesce nemmeno a contare il suo manipolo, mentre cerca invano di «ignorare l'odore della merda galleggiante nelle fosse semipiene che fungevano da latrina a cielo aperto e che incombevano su di lui, appena dietro la recinzione».[7] Mellas soffre di diarrea e nella notte, alla vigilia di un assalto contro le posizioni dei vietcong, non riesce più a trattenersi. «Mellas si trascinò con cautela oltre il bordo della fossa con il fucile in mano. Fece due passi chinato in avanti e si calò i pantaloni con gli occhi fissi nel buio e le orecchie tese per cogliere rumori diversi da quelli del vento. [...] Le feci fluirono quasi liquide, schizzando la parte posteriore dei pantaloni.» Ma in quel momento sbuca dai cespugli un soldato nordvietnamita ferito. «Mellas si gettò pancia a terra finendo sulle proprie feci e sparò una raffica in automatico. L'M-16 lampeggiò.» Sulle prime teme di aver mancato il bersaglio, poi l'altro crolla a terra morto. «Mellas gemette schiacciando la testa a terra e ringraziando Dio di essere ancora vivo, incurante di aver ucciso un uomo.» Il tenente si allontana dai suoi escrementi strisciando, tenta di pulirsi la mimetica, si mette in ginocchio, si tira su i pantaloni. Poi arranca fino al soldato che ha ucciso. I suoi proiettili l'hanno colpito alle spalle e tra gli occhi. «Sembrava tutto a posto. Era orgoglioso. In mezzo agli occhi.»

E non sono solo i miasmi dei corpi umani ad accompagnarci per tutto il libro. Perché il combattimento nella giungla ha alcuni aspetti specifici, tra cui le sanguisughe, e i soldati le conoscono bene. Mellas sa che il suo corpo ne è coperto, ma non le sente. Questo verme d'acqua, dotato di ventose, secerne una saliva anestetica e perfora la pelle per succhiare il sangue delle sue prede. E questa incisione, all'inizio del libro, annuncia una delle scene letterarie più violente che mi sia mai capitato di leggere.

Un uomo della pattuglia di Mellas, Fisher, scopre che una sanguisuga si è introdotta nella sua uretra. Ha un dolore terribile al pene e non riesce più a urinare. Deve essere evacuato in elicottero verso un ospedale da campo ma il tempo stringe, prima che arrivino i soccorsi la sofferenza è già insopportabile. Sotto una tenda, nella notte, il medico dell'unità decide di operare. Fisher è sdraiato e un commilitone, Fredrickson, lo immobilizza. Il dottor Sheller prende un coltellino, fa scorrere la lama nella fiamma di una candela, ci versa sopra dell'alcol e la ripassa nella fiamma per completare la sterilizzazione. Afferra il pene di Fisher e lo piega sul suo ventre. «Sheller affondò la lama nel pene di Fisher, che gridò. Fredrickson aumentò la pressione su di lui, per impedirgli di muoversi. Sulla lama del coltello presero a scorrere sangue e urina, con un fiotto iniziale che investì le mani e il petto di Sheller.» Sheller installa poi un catetere e l'urina esce a getto, riempiendo la tenda del suo odore pungente. Ma non è finita. Il medico pianta di nuovo il suo coltello nel pene del marine per uccidere la sanguisuga. Fisher urla di nuovo: «Cristo, squid, che cazzo fai!». «Scusami» mormora il dottore. Sangue nero cola dalla ferita aperta mentre la sanguisuga si svuota. Si mescola al sangue più chiaro e all'urina della prima incisione. Fisher respira e chiede al dottore: «E adesso?». Sheller fa finta di non capire, risponde che l'ospedale si occuperà di evitare l'infezione. «No» replica Fisher, «voglio dire... Mi spiego? Quando sarò a casa.» Sheller non sa cosa dire. Ha tagliato dove doveva? Fisher resterà impotente per sempre?

Alla fine del libro, in un incontro casuale tra Mellas e Fisher, il lettore apprende che la virilità di quest'ultimo si è salvata, come possono testimoniare le prostitute di Tokyo che ha frequentato durante la sua convalescenza. Ma di salvare l'anima non se ne parla. Quella è una domanda troppo grande per qualsiasi dottore: un interrogativo che non riguarda più i singoli soldati, ma l'intera comunità di cui fanno parte.

2
La corruzione delle menti

Ero ancora in Ciad quando l'Afp mi ha chiesto se fossi interessato a dirigere l'ufficio di Teheran. Ho accettato subito e sono arrivato nella capitale iraniana all'inizio del 1985. L'Iraq aveva attaccato la Repubblica islamica dell'Iran nel settembre 1980 e ormai gli scontri si erano impantanati in una guerra di posizione. Le immagini del fronte che avevo potuto vedere facevano pensare alle trincee dove mio padre aveva combattuto nel 1914.

Nel tragitto dall'aeroporto al centro della città, grandi cartelloni invitavano gli automobilisti a non dimenticare Khorramshahr. Li avrei ritrovati identici vent'anni dopo, accompagnando mia moglie in un viaggio-inchiesta per il suo libro *Chador*. Khorramshahr è una città portuale sullo Shatt el Arab, vicino al braccio di mare che dà accesso al Golfo arabo-persico. Le truppe di Saddam Hussein l'avevano messa nel mirino nei primi giorni dell'offensiva di settembre 1980. Il padrone di Baghdad, allora sostenuto dai Paesi arabi, dall'Occidente e dall'Urss, pensava di sbarazzarsi facilmente del regime dell'ayatollah Khomeini, che con la rivoluzione del 1979 aveva rovesciato lo scià Reza Pahlavi. L'Iran era diventato la prima teocrazia sciita del mondo, e Saddam temeva ispirasse la comunità sciita in Iraq. La battaglia di Khorramshahr aveva smentito l'ottimismo del presidente iracheno e quello delle capitali occidentali.

Gli iracheni avevano attaccato con circa cinquecento carri armati, ma erano stati fermati da unità iraniane determinate e molto mobili, dotate essenzialmente di armi portatili controcarro Rpg-7. La battaglia era durata più di un mese e mezzo, concludendosi con la vittoria irachena, e la città era stata distrutta. Ma quella resistenza feroce aveva dimostrato la capacità della Repubblica islamica di mobilitare i suoi sostenitori: in particolare i giovanissimi combattenti, i pasdaran, ma anche elementi dell'esercito regolare la cui fedeltà non era scontata. Era stato un trionfo del nazionalismo persiano. I difensori di Khorramshahr avevano combattuto spalla a spalla, cadendo a migliaia. Il loro sacrificio aveva bloccato la dinamica dell'offensiva irachena, regalando a Teheran il tempo per organizzare la difesa del territorio e salvando il potere di Khomeini. Gli iraniani avevano poi riconquistato la città nel maggio 1982, al prezzo di perdite enormi.

Quella guerra è durata otto anni: nell'agosto del 1988 il cessate il fuoco è stato raggiunto sotto l'egida dell'Onu. Per l'Iran aggredito si è trattato di una dimostrazione della volontà degli Stati del Golfo, assieme all'Occidente, di sbarazzarsi del regime islamico. L'Iran di Khomeini contestava l'egemonia nella regione degli Stati Uniti, definiti «il Grande Satana», opponendosi alle azioni di Israele, «il Piccolo Satana», in particolare in Palestina e in Libano.

Per l'Iraq di Saddam Hussein la guerra con l'Iran ha segnato l'inizio della fine: Baghdad, in rovina, ha cercato fondi presso le monarchie del Golfo, e davanti al loro rifiuto ha invaso il Kuwait nell'agosto 1990. Si è trovato subito di fronte una coalizione dei suoi ex sostenitori guidata dall'America: all'inizio del 1991 è partito l'assalto. Un mese e mezzo di bombardamenti, cento ore di un'offensiva terrestre che ha decimato le divisioni blindate, e l'Iraq si è ritrovato in ginocchio. Il seguito è noto: anni di sanzioni internazionali hanno ridotto gli iracheni alla miseria; dopo gli attentati dell'11 settembre 2001, Washington se l'è presa con Baghdad (del tutto estranea agli attacchi mortali di

Al Qaeda) lanciando una nuova guerra nel marzo 2003. Saddam è stato cacciato dal potere e in seguito arrestato, giudicato, giustiziato. Il Paese è sprofondato nel caos.

Dal 1979, anche l'Iran è stato colpito da pesanti sanzioni americane e internazionali, comminate per contrastare lo sviluppo nucleare iraniano, le violazioni dei diritti umani e il coinvolgimento di Teheran in vari conflitti regionali: in Yemen, Libano, Palestina, Iraq e Siria. Queste misure, una camicia di forza per l'economia iraniana e una grave ipoteca sul futuro delle generazioni più giovani, sono considerate dal potere di Teheran come un prolungamento della guerra. Una sorta di assedio permanente, il cui obiettivo è provocare una rivolta popolare per cacciare gli ayatollah. Questa strategia, inefficace da quasi cinquant'anni, ha poche possibilità di riuscire. Gli iraniani hanno già conosciuto un colpo di Stato sostenuto dagli americani, nel 1953, e non ci tengono a ripetere l'esperienza.

Gli entusiasti e i disillusi

In quel conflitto sono caduti, in entrambi i campi, migliaia di soldati. Alcune stime parlano di 500mila morti, solo in Iran. Otto anni di stragi, con i bombardamenti incessanti sulle linee del fronte, le offensive periodiche con ondate di uomini lanciate attraverso campi minati, l'uso sistematico dei gas.

Durante la mia permanenza nel Paese, ho visitato ospedali sia a Teheran sia ad Ahvaz, nel Khuzestan iraniano. Ho incontrato diversi *basiji*, volontari al servizio della rivoluzione islamica: giovani, amputati, sfigurati, ciechi. Non rimpiangevano nulla e sentivano di aver fatto il loro dovere, difendendo la nazione e anche la loro fede sciita – il ramo minoritario dell'Islam – contro un potere di Baghdad considerato come una dittatura sunnita. Convinti di aver combattuto una «guerra giusta», non si lamentavano di nulla. Avevano ricevuto per ordine governativo anche un vitalizio, e persino spose che si sarebbero prese cura di loro.

Naturalmente, ero curioso di vedere in azione questi combattenti così motivati. E sono riuscito ad accompagnarli in un'operazione nelle paludi del Khuzestan, dove passa la frontiera tra Iran e Iraq. Mi interessava capire meglio la situazione su questo fronte logisticamente complicato: migliaia di isole galleggianti, coperte da alti canneti, che si spostano secondo le correnti e i venti. Gli eserciti rivali vi avevano installato unità leggere, equipaggiate con mortai e armi automatiche. Non c'era quindi un fronte vero e proprio, ma piuttosto una linea mobile, teatro di una specie di gioco mortale al gatto e al topo. Obiettivo: identificare un'isola nemica ed espugnarla.

Con un collega dell'agenzia Reuters, siamo saliti separatamente su due lunghe e strette imbarcazioni a fondo piatto spinte ciascuna da due potenti motori fuoribordo giapponesi. Con noi, due gruppi di *basiji*. Il cielo grigio si rifletteva nelle acque paludose, increspate da brevi onde. Dapprima i piloti procedevano con prudenza in questo labirinto acquatico, ma erano ragazzi: ben presto hanno spinto sull'acceleratore e si sono messi a gareggiare. Una vera gimcana punteggiata di risate e di «*Allah akbar*», Dio è grande. Le barche lanciate a gran velocità battevano contro la superficie dell'acqua, eravamo inzuppati dagli spruzzi. La guerra sembrava molto lontana, e mi sono sorpreso a ridere anch'io di questa corsa pazza in mezzo alle paludi.

Poi è esploso il primo colpo di mortaio, a qualche metro da noi, in un geyser di fango.

Subito dopo un secondo e un terzo, molto vicino allo scafo su cui si trovava il mio collega.

Eccola, la guerra. Non ci aveva permesso di dimenticarla a lungo. Avevamo raggiunto e superato quella linea invisibile, il fronte, ed eravamo entrati nella zona sotto il controllo iracheno. I nostri piloti hanno fatto una stretta e rapida inversione a

U e, con un ultimo «*Allah akbar*», sono ripartiti a tutta velocità in direzione delle posizioni iraniane. In quel breve episodio avevo toccato con mano la miscela di spensieratezza, entusiasmo, fatalismo e fede che alimentava lo sforzo bellico della Repubblica islamica.

Vent'anni dopo, nel luglio 2005, sono tornato in Iran con Lilli, e siamo andati a Khorramshahr. Nei decenni trascorsi, la città era stata parzialmente ricostruita e la sua popolazione aveva quasi ritrovato il tenore di vita d'anteguerra. Abbiamo incontrato un alto ufficiale dei pasdaran, di cui non posso fare il nome. Ci ha ricevuti nel suo ufficio senza finestre, con poltrone in similpelle e un vecchio condizionatore. Fuori, la temperatura sfiorava i 50 gradi. Il nostro ospite era stato al cuore delle due grandi battaglie: giovane combattente, poi ufficiale, aveva scalato la gerarchia locale dei Guardiani della rivoluzione. Con grande sorpresa nostra e del nostro interprete, si è lanciato in una vera e propria arringa contro il regime di Teheran, che considerava corrotto. Lo spirito di Khorramshahr, ha detto con amarezza, era morto. Finiti l'entusiasmo, la solidarietà, l'amore per la patria e perfino la fede. Il Paese per cui aveva combattuto, per cui avrebbe sacrificato la vita, era caduto in mano a cricche di potere e di interesse.

Avevamo di fronte un soldato disilluso, che nei combattimenti aveva trovato una ragion d'essere e a cui ora restava solo l'amarezza nei confronti di un mondo politico che considerava i militari come eroi ingombranti. Potevo percepire in modo quasi fisico la sua frustrazione e la sua sofferenza. Di certo non era l'unico a provarle.

Il morbo dei veterani

Nel 2003 il giornale iraniano «Research in Medicine» ha pubblicato uno studio innovativo, secondo cui «le prime vittime di una guerra sono coloro che vi sono coinvolti direttamente. Tuttavia, anche le loro famiglie e la società intera vengono colpite». Usando come campione un gruppo di veterani della regione di Qom, lo studio ha stabilito che più del 96 per cento degli ex militari interrogati e quasi il 90 per cento delle loro mogli soffrivano di depressione, in misura più o meno grave.[1] Il dato è stato confermato da altri studi più recenti, riguardanti sempre l'Iran e i suoi ex combattenti. Nel febbraio 2024, un articolo nella rivista «BMC Psychiatry» riportava: «A oltre l'80 per cento dei veterani iraniani è stata diagnosticata una forma di Ptsd [sindrome da stress post-traumatico, *NdR*].

E i problemi psicologici più gravi sono stati rilevati nei soldati che sono stati più spesso al fronte».[2] Questi disturbi comprendono depressione, incubi, difficoltà a socializzare, incomunicabilità, problemi di coppia e in famiglia.

Una delle conseguenze più inquietanti di questo deterioramento della salute mentale dei veterani è il ricorso alle droghe, e in particolare all'oppio. L'Iran è tra gli Stati con la maggiore percentuale di tossicodipendenti in rapporto alla popolazione. È chiaro che l'uso di queste sostanze non è limitato agli ex combattenti: anche una gioventù dal futuro incerto ne è vittima. Il vicino Afghanistan è il più grande produttore mondiale di oppio e la polizia e l'esercito iraniani hanno dispiegato mezzi consistenti per tentare di fermare i convogli che contrabbandano quella merce avvelenata attraverso la frontiera. E il regime degli ayatollah non fa sconti a trafficanti e tossicodipendenti: secondo l'ong Iran Human Rights, 503 persone sono state giustiziate nel 2024 per reati legati agli stupefacenti.[3] Ma tonnellate di oppio affluiscono comunque nel Paese che, come altri, deve far fronte a una autentica crisi medica e sociale dovuta agli oppiacei: le ultime cifre ufficiali disponibili parlano di 2,8 milioni di iraniani interessati da questa epidemia,[4] su una popolazione di 92,5 milioni ma, secondo le stesse autorità, questa proporzione potrebbe essere ben più elevata.

L'impatto psicologico della guerra sui combattenti e l'effetto della violenza sulla loro salute mentale sono un tabù, così come lo sono gli effetti fisiologici di cui abbiamo parlato nel capitolo precedente. Nella propaganda patriottica, il soldato è sempre un eroe: il suo morale d'acciaio non conosce né dubbi, né paure, né debolezze umane. Quelle sono appannaggio dei codardi.

Però, la verità è un'altra.

È del 1946 un documentario firmato dal regista John Huston in cui, per la prima volta, vengono affrontati i problemi psicologici dei militari. Il titolo è tratto dalla Bibbia: *Let There Be Light*, e luce sia. Fin dal 1942 Huston aveva partecipato in prima persona alla campagna d'Italia, girando un altro documentario, *The Battle of San Pietro*.

Le prime immagini di *Let There Be Light* mostrano alcuni militari che sbarcano da una nave, al ritorno negli Stati Uniti. La voce fuori campo spiega che il 20 per cento dei feriti in combattimento durante la Seconda guerra mondiale è vittima di traumi psicologici. All'epoca si parlava di commozione cerebrale, per indicare l'effetto che le esplosioni di proiettili possono avere sul cervello senza che ci siano ferite evidenti. Il concetto di sindrome da stress post-traumatico sarebbe stato elaborato molto dopo, ma è proprio di questo che parla, con anticipo, il documentario, seguendo il percorso di riabilitazione di settantacinque veterani in un ospedale dell'esercito.

I disturbi psicologici di questi protagonisti comprendono amnesia, balbuzie, ansia, afasia. Il docufilm mostra le sessioni di terapia con gli psichiatri, le sedute di ipnosi, le somministrazioni di farmaci. Alla fine, i pazienti vengono dimessi e sono in grado di riprendere una vita normale: scopo del documentario era infatti mostrare la possibilità di curarli con efficacia, riunirli alle famiglie, restituire loro un ruolo sociale e soprattutto un lavoro. Eppure, le gerarchie dell'esercito censurarono la pellicola, che venne messa al bando. Ammettere che i combattenti potevano essere affetti da disturbi mentali avrebbe avuto un effetto negativo sul morale degli eserciti e ridotto il sostegno della nazione alle prossime avventure militari. Ci sono voluti decenni perché quel film tornasse alla luce, al festival di Cannes nel 1981. Nel 2012 è stato restaurato ed è conservato nei National Archives degli Stati Uniti.

A partire dal secondo dopoguerra, gli Usa sono stati l'unica potenza capace di combinare un rapido sviluppo economico con guerre in Paesi remoti: la Corea e il Vietnam nel contesto della Guerra

Fredda, poi l'Iraq nel 1991, l'Afghanistan nel 2001, e di nuovo l'Iraq nel 2003. Risultato: oggi in America vivono circa 18 milioni di ex combattenti, ovvero il 6 per cento della popolazione, per quasi il 90 per cento uomini. Il 43 per cento sono veterani delle due guerre del Golfo, il 30 della guerra del Vietnam, il 4 della guerra di Corea. Il 37 per cento ha settant'anni o più, il 36 ha tra i cinquanta e i settant'anni, e il 28 ha meno di cinquant'anni.[5] Secondo le cifre del National Center for Ptsd, il 29 per cento dei militari che hanno servito in Iraq a partire dal 2003 ha conosciuto almeno un episodio di stress post-traumatico.[6] Una minoranza, certo, ma sofferente. E che spesso, per tirare avanti, trova rifugio nel consumo di droghe. In particolare di oppiacei e oppioidi, cioè di sostanze, naturali o sintetiche, utilizzate per le loro potenti proprietà analgesiche e che presentano un rischio elevato di dipendenza fisica e psicologica.

Oggi, quindi, una vasta popolazione di veterani si trova in prima linea in una nuova battaglia nel cuore stesso dell'America: quella contro un'epidemia che ha ormai i tratti di un'emergenza nazionale. La crisi degli oppiacei ha un impatto enorme sul tessuto sociale statunitense: secondo uno studio dell'American Medical Association del 2024, nei primi vent'anni del nostro secolo ha ucciso più di 560mila persone.[7] E il ritmo delle morti per overdose è elevato: stando ai dati del National Center for Health Statistics, circa 55mila nel 2024.[8] Una strage silenziosa.

Anche l'anima è ferita

C'è un altro tabù legato alla guerra, un'altra conseguenza passata a lungo sotto silenzio, ignorata o nascosta. È del 2022 uno studio pubblicato sulla rivista specializzata «Frontiers in Psychiatry», che analizza l'impatto delle «ferite morali». «Le ferite morali dei veterani che sono andati al fronte si definiscono come azioni sul campo di battaglia che contraddicono i valori morali del combattente, e che conducono a disturbi psicologici gravi.»[9] In altre parole, il soldato che uccide si trova faccia a faccia con la sua coscienza e con un principio fondante della dimensione umana: non uccidere. Non si tratta solo di un comandamento, di un precetto religioso. È la base di una visione umanista del mondo che tutti gli esseri viventi possono condividere.

Tuttavia, fin dagli albori della civiltà, questo principio si scontra con un altro approccio alla sopravvivenza della specie: *homo homini lupus* ovvero, in sostanza, se vuoi sopravvivere la scelta è tra uccidere o essere ucciso. Ed è questa posizione, spesso, a imporsi: la legge del più forte è sempre stata la strada più breve per asservire il prossimo, dominare, arricchirsi. *Vae victis*, guai ai vinti: la frase del condottiero gallo Brenno non ha mai perso di attualità. Ma in fondo siamo umani, dotati di empatia. E così, la dottrina della violenza e del militarismo impone ai combattenti gesti che sono in contrapposizione con le loro convinzioni profonde. Lo studio di «Frontiers in Psychiatry» ha riguardato un gran numero di reduci del Vietnam, valutando che il 25,8 per cento soffriva di «moral injury» (Mi), una sindrome associata a «dolori fisici, disturbi del sonno, paura della morte, con il ricorso all'alcol o alla droga per affrontare la smobilitazione». E questa situazione può durare per anni dopo il ritorno alla vita civile.

Il dilemma morale del soldato che uccide, anche nel contesto di una guerra «giusta», non può e non deve essere sottovalutato. Durante l'addestramento gli viene ripetuto che uccide per la patria, uccide per il suo Dio, uccide per la libertà del suo popolo. Che uccide per dovere e ha il diritto di uccidere. Si aggiunge una retorica che colpisce l'avversario: i nemici sono raccolti in categorie, non più uomini e donne ma crucchi, comunisti, fascisti, musi gialli, animali, barbari, terroristi. Descrivere le persone in questi termini facilita psicologicamente la loro eliminazione. Il combattente disumanizza la sua vittima e si disumanizza, in una dinamica di cancellazione di ogni codice morale, religioso o, semplicemente, umano. Anche il linguaggio formalmente adottato dalle organizzazioni militari è studiato per facilitare questo processo: si parla di «centrare il bersaglio», di «andare sull'obiettivo», di «neutralizzare». Quando tutti gli «obiettivi» sono «centrati», la zona è «liberata» o «ripulita». Questi eufemismi permettono di comunicare azioni ed effetti terribili senza doverne evocare la cruda realtà. Ma se ammettiamo che persone moralmente sane non possono uccidere e mutilare senza provare angoscia, il corollario è che gli individui condizionati con successo a uccidere e mutilare senza angoscia hanno subìto a loro volta una mutilazione: di ordine morale. Dunque, l'addestramento militare è già di per sé un trauma, una degradazione che avviene non per caso, ma per scelta. In seguito sopraggiunge un secondo tipo di trauma morale, quando si uccide in combattimento.

E chi uccide viene lasciato solo di fronte al suo gesto.

In un saggio del 1992 intitolato *Warcraft and the Fragility of Virtues*, l'autore americano

Grady Scott Davis arrivava a una conclusione netta: «Immaginare di essere un assassino senza percepire l'enormità del gesto è un segno certo di corruzione. [...] Più il soldato è onesto, più è orripilato all'idea di uccidere». Anche Daniel Bell, uno dei pensatori più influenti del XX secolo negli Stati Uniti, si è espresso su questo dilemma fondamentale: «Se il nemico viene ucciso, la reazione appropriata non è la gioia, ma il rimorso. [...] Un guerriero giusto è, in un certo senso, un guerriero triste».[10]

L'America, dunque, è malata delle sue guerre. E questo suo volto nascosto è molto inquietante per un'Europa tuttora allineata al gigante d'oltreoceano. Ma se la storia del nostro travagliato continente ci ha insegnato qualcosa – e non è certo che sia così – è che la via dello scontro, la via della guerra, conduce solo al disastro. Lo sappiamo da secoli e i conflitti del Novecento lo hanno inciso a fuoco nella nostra memoria, nella geografia stessa dei nostri Paesi. Dobbiamo costruire un'alternativa credibile tanto al militarismo imperante quanto al pacifismo ingenuo. Ma, per ora, questa alternativa non si vede e al contrario si profilano all'orizzonte prospettive tutt'altro che rosee.

Inferno russo

L'offensiva della Russia in Ucraina cominciata nel febbraio 2022 è un altro clamoroso esempio di come l'uso della forza non solo fallisca, ma si ritorca contro chi lo promuove. La guerra a noi più vicina mostra chiaramente che i dittatori, per quanto astuti siano, sono incapaci di gestire le conseguenze più ampie di un conflitto, anche e soprattutto all'interno delle proprie frontiere. L'esercito russo non è stato in grado di sbaragliare le forze ucraine con una campagna lampo e da allora ha fatto ricorso a una strategia di logoramento per conquistare il territorio. Una strategia rivelatasi tutt'altro che efficace.

Un'analisi dettagliata del Center for Strategic and International Studies (Csis) di Washington pubblicata nel giugno 2025 tenta di fare il punto sulla situazione militare. Csis è un think tank americano, ma, avendolo frequentato assiduamente quando ero corrispondente a Washington all'inizio degli anni Novanta, posso confermarne la reputazione di serietà e neutralità. Ecco la sintesi: «Stando ai fatti, la Russia ha ampiamente fallito nel raggiungere i suoi principali obiettivi». Le conquiste territoriali sono infatti limitate: un avanzamento medio di cinquanta metri al giorno. Meno che in tutte le offensive strategiche della Prima e Seconda guerra mondiale. E questi magri avanzamenti sono stati pagati a carissimo prezzo: le perdite di equipaggiamento russe sono state nettamente superiori a quelle avversarie e le perdite umane sono enormi. In totale, 250mila soldati russi sono morti in Ucraina, e 700mila sono stati feriti. Per mettere queste cifre in prospettiva storica, le perdite sono il quintuplo di tutte quelle, sommate, dei conflitti in cui Urss e Russia si sono impegnate dalla fine della Seconda guerra mondiale. In poco più di tre anni, in Ucraina sono morti dieci volte più russi che in tredici anni in Cecenia, e quindici volte di più rispetto al conflitto tra Urss e Afghanistan, durato un decennio.[11]

E naturalmente, anche in questo caso c'è un esercito di veterani di cui tenere conto. Un interessante contrappasso: le due nazioni che si sono scontrate per decenni nella Guerra Fredda, che ha steso sul mondo intero una cappa di terrore e ha portato destabilizzazione, conflitti e tragedie in tanti Paesi, ora sono accomunate dalla stessa malattia. Che le consuma dall'interno e può avere conseguenze devastanti per la loro stabilità politica. E l'aspetto più interessante è che né la democrazia, né la dittatura sono in grado di gestire la rovinosa deriva verso la disgregazione della società causata dai conflitti.

Secondo uno studio del maggio 2025 della

Jamestown Foundation, la Russia conta 600mila ex combattenti che hanno partecipato alla campagna d'Afghanistan, a cui si aggiungono ora circa 700mila veterani dell'Ucraina. Stando alle previsioni della Jamestown, che è molto vicina ai servizi di intelligence americani, il ritorno alla vita civile di questi veterani, nel contesto di una situazione economica molto difficile, potrebbe comportare rischi per il regime di Putin. L'analisi cita fonti locali che parlano di un esercito minato da alcolismo, corruzione e brutalità. La diserzione e il suicidio tra le truppe russe continuano ad aumentare. E c'è un precedente: quando tornarono in patria i veterani dell'Afghanistan, giocarono un ruolo importante nell'aumento della criminalità alla fine dell'era sovietica. Secondo la Jamestown, lo stesso avverrà con il rientro dei veterani dall'Ucraina.

Con un governo che esita a punire i loro crimini, e non mette in campo iniziative per curare la loro Ptsd, questi ex soldati rischiano di rappresentare un serio pericolo per la società russa. Il rischio è che le dinamiche di degradazione sociale innescate dal rientro dei veterani offrano il destro a una radicalizzazione dei poteri autoritari, con politiche sempre più aggressive nei confronti degli oppositori interni, oltre che dei nemici esterni. Dai regimi ce lo aspettiamo e lo chiamiamo repressione.[12] Ma quando lo stesso copione viene recitato nelle nostre comunità cosiddette libere e democratiche? È innegabile, infatti, e lo vedremo meglio tra qualche pagina, che questa logica del contrasto a un nemico interno abbia infettato l'America di Trump e rischi di sedurre anche parte dell'Europa.

Dal suo ritorno al potere, Trump non ha fatto che minare le basi stesse della società americana: se l'è presa con i giudici, gli avvocati, le università, i giornalisti, i funzionari dello Stato. I suoi attacchi contro la giustizia, la stampa, le istituzioni governative sono caratteristici di un potere autocratico. Ha designato gli immigrati come «alieni invasori». Gli ultimi dati forniti dal Department of Homeland Security indicano che 1,6 milioni di stranieri presenti illegalmente negli Stati Uniti hanno lasciato il Paese «volontariamente».[13] A fine agosto 2025 circa 216mila sono stati arrestati e deportati. Il numero di detenuti in attesa di deportazione è valutato a circa 58mila, e si trovano in un sistema carcerario privato, il che ne fa una miniera d'oro.[14] Ma anche i funzionari statali sono finiti nel mirino del presidente: circa 300mila sono stati o saranno licenziati nel 2025. Si tratta di uno smembramento sistematico delle strutture civili, in particolare nei settori che si occupano di sostegno alle fasce più deboli della popolazione o della regolamentazione e controllo del settore privato.

E la guerra continua.

Sangue nel Paese dei cedri

Sono stato espulso da Teheran con l'accusa di spionaggio all'inizio di marzo del 1986. Poi l'Afp mi ha inviato all'ufficio di Beirut, dove sono arrivato a settembre. Anche in questo caso, entravo in uno Stato in guerra. Il Libano è infatti un laboratorio per tutti i conflitti regionali e internazionali.

Fin dalla sua nascita, lo Stato di Israele è uno dei protagonisti dei disordini e delle guerre in Libano, dove ha combattuto i palestinesi di Yasser Arafat, i siriani di Hafez al Assad e infine, a partire dal 1982, i miliziani sciiti di Hezbollah. Israele ha anche tentato di concludere accordi con i cristiani maroniti, cercando di approfittare delle tensioni tra le varie comunità che convivono nel Paese dei cedri. Il tutto con alterni risultati, specialmente nel caso delle operazioni armate.

Ma, come sempre, serve un po' di memoria per non cadere nella trappola degli stereotipi. Il Libano è, come Israele e gran parte del Medio Oriente, il prodotto degli accordi tra gli imperi coloniali alla fine della Prima guerra mondiale. La Palestina agli inglesi, il Libano ai francesi: una divisione fatta pensando agli interessi delle due grandi potenze, non certo alla stabilità nella regione. Nel caso del Libano, l'accordo è risultato vantaggioso per gli alleati dei francesi, i cristiani maroniti. Come in Palestina, la storia successiva ha dimostrato quanto sia difficile mantenere in piedi un sistema ingiusto di fronte alle realtà della geopolitica e della demografia.

Il primo duro colpo arriva con la Nakba, l'espulsione forzata di oltre 700mila palestinesi dalle loro città e villaggi nel 1947 e 1948, prima e dopo la nascita dello Stato ebraico. Più di 100mila di loro si stabiliscono in Libano, e diventano rapidamente un pomo della discordia tra i gruppi politico-religiosi locali. Una nuova ondata di rifugiati affluisce nel 1967, in seguito alla Guerra dei sei giorni lanciata da Israele contro i suoi vicini arabi. In Libano, i palestinesi sono considerati apolidi, hanno un accesso limitato al mondo del lavoro e sopravvivono nei campi grazie all'Unrwa, l'organizzazione delle Nazioni Unite che si occupa di loro.

Ma la svolta radicale arriva nel 1970. In Giordania, il re Hussein teme per il suo trono di fronte alla crescita demografica e all'attivismo politico dei palestinesi, e in particolare dell'Organizzazione per la Liberazione della Palestina (Olp) di Yasser Arafat. Tra le truppe giordane e l'Olp scoppia un vero conflitto, un periodo che i libri di storia ricorderanno come «settembre nero». I combattimenti sono pesanti e raggiungono il cuore di Amman, la capitale del regno. Con l'aiuto dell'aviazione israeliana, il re sconfigge i miliziani di Arafat. L'Olp trova rifugio a Beirut, dove il suo capo è accolto come un eroe dalla comunità sunnita, che la vede come una milizia capace di difendere i propri interessi contro le altre fazioni. I maroniti hanno già le Falangi Libanesi, nate nel 1936, e gli sciiti preparano la nascita di Amal, che vede la luce nel 1974.

La questione palestinese diventa centrale nella vita politica del Libano. La sua società è divisa tra appartenenze religiose complesse (con diciotto gruppi religiosi più o meno importanti) e si frantuma anche in ideologie laiche, con partiti che si rifanno al comunismo, al socialismo, al liberalismo, al nazionalismo arabo. Il coperchio di questa pentola in continua ebollizione salta nell'aprile 1975, quando inizia quella che è comunemente chiamata una guerra civile. Da una parte il campo cosiddetto «progressista», con un misto di palestinesi, islamici e comunisti, e dall'altro quello «conservatore» con una maggioranza di milizie cristiane. Questo scontro lascerà il Paese in rovina e Beirut, un tempo considerata la Parigi del Medio Oriente, con la reputazione di un covo di tagliagole.

Perché è importante ricordare questo conflitto «interno»? Perché in realtà, su quella scacchiera, i giocatori erano molti di più: Israele, Siria, Francia, Stati Uniti, Iran. E in particolare il Libano è stato un incubatore delle strategie israeliane contro la guerriglia palestinese.

Nel 1978, lo Stato ebraico lancia le sue truppe nel Sud del Libano con l'obiettivo di sbarazzarsi dei combattenti dell'Olp che organizzano operazioni contro il Nord di Israele. La campagna per smantellare la resistenza palestinese ha poco successo, a tal punto che ci vorranno l'invasione del giugno 1982, l'assedio di Beirut, l'intervento degli Stati Uniti, della Francia e dell'Italia. I miliziani dell'Olp a quel punto accettano di lasciare la capitale, sotto la protezione di un contingente franco-americano, e ripiegano sul Nord del Libano. La forza multinazionale si ritira.

Ma l'orrore non si ferma, anzi: a metà settembre, i miliziani cristiani delle Forze Libanesi, sotto la supervisione degli ufficiali israeliani, penetrano nel campo profughi di Sabra e Chatila, nel cuore di Beirut. È una carneficina di bambini, donne e anziani: persone stuprate, sventrate, smembrate.

Le cifre variano, ma la Croce Rossa parla di circa duemila vittime civili.

Quando arrivo in Libano, è in corso un ennesimo conflitto interno, chiamato «guerra dei campi» perché ha preso di mira i campi profughi palestinesi. Questa volta gli assedianti sono i miliziani sciiti di Amal, ma soprattutto l'esercito siriano, che giocano dalla parte di Israele, decisi a controllare o cancellare la presenza palestinese in Libano. Mi ritrovo in un inferno di bombardamenti, epidemie, carestia. Durante una breve tregua decido di far conoscere alla mia fidanzata libanese dell'epoca, una cristiana, la realtà di un campo martoriato dalla guerra. Si rivelerà una pessima idea.

Partiamo, con il mio fedele autista Mohamed alla guida e seguiti da una coppia di giornalisti dell'Afp in un'altra auto. Tra le case semidistrutte di Chatila parliamo con un rappresentante dell'Olp e incontriamo alcune famiglie, toccando con mano il degrado di quei vicoli e la disperazione delle persone scheletriche che li abitano. Risaliamo in auto immersi nei nostri pensieri ma a riscuoterci, pochi secondi dopo, è una Peugeot 504 station wagon che ci taglia la strada. Scendono alcuni uomini armati, uno sale in auto accanto a me e punta una pistola alla tempia a Mohamed, urlandogli un ordine in arabo. C'è un momento di panico, leggo il terrore negli occhi dei miei compagni e mi maledico per averli trascinati in questa situazione.

I guerriglieri ci dirottano verso un altro campo palestinese, Burj Barajneh. Lo conosco: serve da posto di comando ai Mukhabarat, i servizi segreti siriani, e alla Saiqa, un gruppo palestinese affiliato alla Siria che lo incarica del lavoro sporco. Ci separano e mi ritrovo in una stanza, seduto di fronte a un ufficiale siriano. Più che per la mia incolumità sono preoccupato per la mia fidanzata, una ragazza giovane e bella nelle mani dei militari. Poi, succede l'inatteso. Una dei miei colleghi dell'Afp, che si trovava nella macchina dietro la nostra ed è stata anche lei arrestata, entra nella stanza come una furia. Marcia fino al tavolo e spiega all'ufficiale che ha appena fatto il più grosso errore della sua carriera. Ha arrestato il direttore dell'Afp, un uomo che aveva ricevuto la garanzia personale del capo delle operazioni in Libano, il generale Ghazi Kanaan, di poter lavorare indisturbato assieme ai suoi colleghi dell'agenzia francese.

L'uomo che ci ha sequestrati impallidisce ma tenta una protesta, dichiarando che sono una spia israeliana. L'ufficiale, prudente, decide di verificare con una rapida telefonata. Vedo la sua espressione mutare mentre scambia alcune parole in arabo, poi si alza e abbaia un ordine rivolto al suo sottoposto, che prevedo passerà un brutto quarto d'ora. Mi presenta le sue scuse, che la mia giornalista traduce accendendo tranquillamente una Gitane. Pochi minuti dopo, sono seduto assieme alla mia fidanzata illesa nella Mercedes bianca dell'ufficiale e ripartiamo dal campo in un corteo formato dalle macchine dell'Afp e dalle jeep della polizia militare siriana.

Questa è una storia a lieto fine, i cui protagonisti sono tornati vivi e illesi per raccontarla. Ma il lieto fine, in un Paese in guerra, è l'eccezione. Nel Libano di quegli anni, così come oggi in Palestina e in tanti altri luoghi, si esce di casa e si finisce sequestrati, incarcerati, seviziati, uccisi. E la violenza genera altra violenza, in una spirale inarrestabile che finisce per diventare la storia stessa di una nazione. L'occupazione del Sud del Libano da parte di Israele, fino al 2000. La nascita di Hezbollah, come reazione a questa occupazione. L'episodio degli ostaggi stranieri catturati a Beirut, che ha costretto noi giornalisti occidentali a vivere sotto scorta. La guerra di liberazione del generale Michel Aoun contro i siriani, finita in un fiasco. Poi lo scontro intestino dei cristiani, tra Aoun e le Forze Libanesi, che ha segnato il culmine della stupidità dei conflitti in cui fazioni alleate si consegnano a guerre fratricide. Infine, nel 1989, una pace fragile sotto l'egida dei sauditi, il cui denaro è necessario per la ricostruzione.

Nel 2000, quando gli israeliani evacuano la «zona di sicurezza» che avevano creato nel Sud, la sicurezza in Libano è solo una chimera. Come sempre accade, quell'occupazione ha generato un forte risentimento in seno alle popolazioni locali, a maggioranza sciita. Fin dal 1982, ha condotto alla nascita di Hezbollah, che ha ricevuto le sue prime formazioni militari non dall'Iran, come la vulgata vorrebbe, ma dalla Forza 17, l'unità d'élite del Fatah di Yasser Arafat. Gli israeliani sono tornati in Libano nel 2006, ma hanno dovuto fare marcia indietro. È solo nel 2024 che sono riusciti a decapitare Hezbollah uccidendone lo storico leader Hassan Nasrallah, che aveva giurato di appoggiare militarmente Hamas nella battaglia contro lo Stato ebraico nella Striscia di Gaza. Quella «guerra a Gaza» che oggi seguiamo sui media, insomma, è l'ennesima strage di una carneficina più ampia e articolata che ha distrutto popoli e territori.

La vendetta di Israele

L'ultima avventura militare di Israele è l'operazione nota come «Diluvio di Al Aqsa», avviata nella Striscia di Gaza all'indomani del massacro del 7 ottobre 2023, condotto da Hamas e dalla Jihad Islamica. In quell'attacco più di 1200 israeliani, militari e civili, sono stati uccisi. Duecentocinquanta sono stati presi in ostaggio dalle due milizie palestinesi. Tra loro, alcuni sono stati liberati, altri sono morti in prigionia. In due anni di scontri, i bombardamenti israeliani hanno ucciso più di 65mila palestinesi, in maggioranza donne, bambini e anziani. Questo bilancio include solo coloro che sono stati identificati, ma migliaia di corpi giacciono sotto le macerie. Altre persone ancora sono morte a causa delle conseguenze della guerra, tra cui malattie non curate, tumori, ictus, infarti. Le bombe hanno devastato la Striscia di Gaza, distruggendo ospedali, scuole, istituzioni, luoghi di culto. Tra il 70 e il 90 per cento delle abitazioni sono state rase al suolo o danneggiate.[15] L'assedio di Gaza ha provocato una forte malnutrizione, che è degenerata in carestia.

È ormai irraggiungibile la prospettiva di cui si parla da quasi trent'anni, dopo gli accordi di Oslo del 1993, di una soluzione a due Stati, in cui i due popoli possano vivere fianco a fianco in pace e sicurezza. Era già molto difficile da attuare in precedenza, soprattutto dopo l'ascesa al potere di Netanyahu nel 1996. Gli stessi padrini americani di questi accordi non si erano mostrati molto propensi a passare ai fatti: ricordo l'osservazione di uno di loro, Dennis Ross, secondo cui gli Stati Uniti, agenti del processo di pace, erano più interessati al processo che alla pace. Intanto, gli insediamenti israeliani nei territori dove avrebbe dovuto nascere lo Stato palestinese si sono moltiplicati ininterrottamente, confermando il progetto coloniale di Israele sull'insieme della Palestina mandataria, e oltre. Come scrive l'organizzazione israeliana di difesa dei diritti umani B'Tselem: «Il processo politico tra Israele e i palestinesi non ha ostacolato la colonizzazione, che è proseguita sotto il governo laburista di Yitzhak Rabin (1992-1995) e tutti i successivi. Questi governi hanno costruito migliaia di nuove abitazioni, con il pretesto della necessità di rispondere alla "crescita naturale" della popolazione esistente».[16] Oggi sono oltre 700mila i coloni israeliani in Cisgiordania. Il fallimento del processo di pace è attribuito da Israele alla cattiva volontà dei palestinesi o di coloro che li rappresentano, ma il vero problema sta tutto in una parola: «occupazione». Nessuno può aspettarsi che un popolo sia in grado di negoziare in piena libertà quando ogni aspetto della sua sopravvivenza, della sua sicurezza, del suo futuro è controllato da una potenza occupante. La tragedia di Gaza non farà che rafforzare il senso di impotenza e umiliazione dei palestinesi. E le scene di orrore che hanno visto renderanno più intenso il loro desiderio di giustizia. Alimentando anche nelle nuove generazioni la convinzione che questa giustizia possa essere ottenuta solo con la forza.

Intanto, per due anni le nazioni del mondo hanno assistito, spettatrici a lungo silenti, allo sterminio di un popolo. Un moto di indignazione si è risvegliato soltanto quando le immagini da Gaza si sono fatte insopportabili. Allora alcuni Paesi, come la Francia e la Gran Bretagna, hanno deciso di riconoscere lo Stato palestinese e milioni di persone nel mondo sono scese in strada per protestare contro quello che una commissione indipendente dell'Onu ha riconosciuto come un genocidio.

La sete di vendetta, che ha animato la società israeliana dopo l'attacco del 7 ottobre, ha infatti lasciato il posto a una forma di rassegnazione all'odio. Lo ha illustrato bene «Haaretz», un giornale di sinistra, che si oppone al governo Netanyahu ed è critico nei confronti della guerra. Ha una diffusione ridotta ma è molto rispettato e non può, ovviamente, essere accusato di antisemitismo come accadrebbe a una testata europea o americana che prendesse posizioni simili. Alla fine di maggio del 2025, «Haaretz» ha pubblicato un articolo esplosivo: «Un recente sondaggio tra gli ebrei israeliani rivela un crescente consenso verso l'idea di espellere con la forza i palestinesi, tanto da Gaza quanto dall'interno delle frontiere israeliane. Il sondaggio rivela anche che una minoranza significativa appoggia il massacro di civili nelle città nemiche conquistate dall'esercito israeliano. Queste tendenze inquietanti riflettono la radicalizzazione del sionismo religioso [...], e l'incapacità degli ebrei israeliani laici di esprimere una visione che metta in discussione la supremazia ebraica». Secondo i risultati del sondaggio, l'82 per cento degli intervistati era favorevole all'espulsione degli abitanti di Gaza, mentre il 56 a quella dei cittadini palestinesi di Israele. Un forte aumento rispetto a un'analoga indagine del 2003, in cui le percentuali erano rispettivamente 45 e 31 per cento. E «Haaretz» prosegue: «Alcuni vedono nello shock e nell'angoscia che hanno colpito l'opinione pubblica israeliana all'indomani del 7 ottobre l'unica spiegazione di questa radicalizzazione. Ma sembra che il massacro abbia solo risvegliato demoni coltivati da decenni dai media, dal sistema giuridico e dall'educazione. Il sionismo, oltre a essere un movimento nazionale, è anche un movimento di immigrati-coloni che cerca di espellere la popolazione locale. Le società di immigrati-coloni incontrano sistematicamente una resistenza violenta e cieca da parte dei gruppi autoctoni. Il desiderio di sicurezza assoluta e permanente può generare la tentazione di eliminare quelle popolazioni recalcitranti. Di conseguenza, quasi ogni progetto di colonizzazione è potenzialmente generatore di pulizia etnica e genocidio, come è accaduto in Nord America dal XVII al XIX secolo». «Haaretz» conclude: «Se esiste una possibilità di fermare la marcia verso una società bellicista e marginalizzata, è nel rifiuto dell'idea di supremazia e di giudaizzazione, anche nella versione attualmente accettata dal sionismo laico. La visione alternativa al messianismo suicida è quella di un partenariato vero ed egualitario dal fiume al mare»,[17] ovvero dal Mediterraneo al fiume Giordano.

Perdere l'anima a Gaza

La guerra è una droga forte. Rovina il corpo e lo spirito. Chi la fa ne è anche vittima. Nel caso di Israele, è proprio l'esercito «più morale del mondo» l'unica speranza per lo Stato ebraico, ma sta precipitando verso un'inesorabile decadenza. «Haaretz» ha pubblicato il 1° agosto 2025 un reportage di Yaniv Kubovich sui soldati dell'Idf impegnati nelle operazioni a Gaza. Assieme a una manciata di altri reporter, Kubovich è stato invitato a visitare un settore della Striscia considerato «pulito». I giornalisti vengono scortati nelle rovine di Beit Hanoun, la città palestinese nell'angolo nord-est della Striscia. Quasi tutti gli edifici sono stati rasi al suolo, scrive il giornalista, e i bulldozer dell'esercito sono al lavoro per distruggere le ultime strutture ancora in piedi. Come nota un ufficiale, la vista sulle vicine città israeliane di Ashkelon e Ashdod è del tutto sgombra. Ma, aggiunge Kubovich, i graduati rifiutano di accettare l'evidenza: «l'esaurimento delle loro stesse truppe». È proprio un militare a suggerirgli di parlare con i riservisti, «con i soldati del fronte che sono completamente sfiniti». E aggiunge: «Dopo questa missione, io ho chiuso con Gaza. Non ci torno. La gente non capisce nemmeno il significato della parola esaurimento. Pensano che abbiamo solo bisogno di dormire un po', ma in realtà siamo svuotati». L'articolo prosegue parlando proprio dei riservisti, che quando sono richiamati devono abbandonare le loro famiglie e il loro lavoro e ora rifiutano di tornare nella Striscia. Descrive la fatica fisica e psicologica di chi è impegnato in una guerra che dura da quasi due anni, senza vederne la fine e nemmeno più lo scopo: nell'estate del 2025, i servizi segreti militari israeliani stimavano tra dieci e diciotto il numero dei miliziani di Hamas ancora presenti a Beit Hanoun, nascosti nei tunnel; eppure, c'erano due divisioni dell'Idf di stanza in quel settore. «L'attività principale di queste truppe è la demolizione degli ultimi edifici ancora in piedi» spiega Kubovich.

Il reportage del giornalista di «Haaretz» si chiude con una scena grottesca: durante l'intervento di un colonnello che presenta le operazioni a Beit Hanoun come l'esempio da seguire nel resto della Striscia di Gaza, il giornalista nota due aiutanti di campo che parlano nei loro walkie-talkie. Danno istruzioni a unità sul terreno affinché aprano il fuoco, come sottofondo sonoro. «Pochi minuti dopo, le truppe si mettono a sparare raffiche di mitragliatrici, per aggiungere un po' di fervore militare al reportage video.»[18] Sarebbe ridicolo, se non fossero in gioco migliaia di vite umane e la tenuta morale di Israele, che si considera una democrazia. Oltre alla nostra, in quanto complici del bagno di sangue. Mentre i soldati che partecipano a quella guerra lasciano sul campo la loro anima.

Circa il 12 per cento dei riservisti della guerra di Gaza dichiara di soffrire di molteplici sintomi di stress post-traumatico. Sono i risultati di uno studio recente pubblicato da ricercatori dell'Università di Tel Aviv, sotto la guida del professor Yair Bar-Haim, direttore del National Center for Traumatic Stress and Resilience. «Lo studio solleva questioni complesse sull'idoneità dei soldati al ritorno alla vita civile e sulla capacità dello Stato di rispondere ai loro bisogni» scrive il sito d'informazione israeliano Ynetnews (la versione online e in inglese del quotidiano «Yediot Aharonot»). «Questi dati contribuiscono alla comprensione dell'emergenza sulla salute mentale in Israele» aggiunge il professor Bar-Haim. «La società israeliana si trova di fronte a questa situazione da molti anni, tanto in tempi normali quanto in tempi eccezionali. È urgente elaborare soluzioni a lungo termine per rispondere al bisogno di cure dell'alto numero di soldati che soffrono di Ptsd. Queste soluzioni devono superare l'orizzonte immediato e concentrarsi almeno sui prossimi due decenni.» Bar-Haim sottolinea che non si tratta solo di cifre. «Sono persone che vivono con ferite aperte. Al nostro centro prendiamo in carico centinaia di riservisti, alcuni dei quali vengono urgentemente richiamati in servizio durante il trattamento. Alcuni, semplicemente, non ci possono proprio tornare. Una persona che soffre di una ferita fisica, come un'amputazione, non viene richiamata, ma una persona in crisi mentale sì, perché spesso passa inosservata. Alcuni soldati vanno comunque in combattimento per senso di responsabilità verso i loro compagni, ma questo può peggiorare le loro condizioni e ridurre le loro capacità. Molti di loro hanno bisogno di cure prima di poter anche solo pensare di ripresentarsi al fronte, se mai lo faranno.»[19]

Ynetnews lancia l'allarme in un articolo del luglio 2025: «Più di 10mila soldati soffrono attualmente di disturbi psicologici legati al conflitto. L'equivalente di due divisioni, che così vengono cancellate dalle forze di difesa israeliane. Altri novemila, per la maggior parte combattenti del fronte, si dichiarano colpiti da ansia, depressione e sintomi post-traumatici. E c'è un'ulteriore preoccupazione: l'età sempre più bassa di chi presenta questi sintomi. Contrariamente ai conflitti precedenti, in cui i traumi si manifestavano spesso anni dopo i combattimenti, la guerra attuale colpisce immediatamente militari molto giovani. Circa la metà di questi nuovi disabili ha meno di trent'anni, e molti sono giovani genitori, principalmente tra i riservisti. Secondo le stime del ministero della Difesa, più di 30mila combattenti sono stati esposti alle distruzioni di Gaza, hanno vissuto sotto la minaccia costante di morte e sono stati testimoni di scene traumatizzanti. Il loro progressivo ritorno alla vita normale potrebbe scatenare una nuova ondata di disturbi psicologici».[20] A settembre 2025, un articolo di «The Times of Israel» riporta i dati aggiornati del ministero della Difesa, secondo cui «il reparto riabilitazione sta curando un totale di 81.700 feriti, di cui 31mila affetti da disturbi psicologici». La cifra è dunque triplicata nel giro di due mesi. Del budget totale dedicato alla riabilitazione, 8,3 miliardi di dollari, circa la metà (4,1 miliardi) sarà destinata alla cura della salute mentale di questi veterani.[21]

I comandi dell'esercito sono perfettamente consapevoli della situazione di degradazione fisica e psicologica delle loro truppe. E del peso morale a cui le decisioni del governo più messianico e più ultranazionalista della storia del Paese sottopongono i soldati. «The Times of Israel» ha riportato il 3 agosto 2025 il risultato di inchieste militari interne, secondo cui i suicidi più recenti tra i soldati sono dovuti «a traumi psicologici legati alla guerra in corso, specialmente dispiegamenti prolungati in zone di combattimento, scene strazianti e la perdita di amici». Secondo le cifre citate dal canale televisivo israeliano Channel 12 alla fine di luglio 2025, sono stati almeno diciassette i suicidi dall'inizio dell'anno; e la cifra non include i riservisti che non erano in servizio attivo al momento della loro morte. Nel 2024, si erano tolti la vita ventuno soldati, il dato più alto da oltre dieci anni. Nel 2023, erano stati diciassette, di cui sette a seguito dell'attacco di Hamas del 7 ottobre, la maggior parte riservisti.[22]

Stesse cause, stessi effetti: in Russia, in Israele,

e negli Stati Uniti dopo ottant'anni di uno stato di conflitto permanente – la *forever war* denunciata dagli intellettuali umanisti americani. Il ricorso alla violenza di Stato è un veleno che minaccia la tenuta delle società impegnate in queste prove di forza: marciscono dall'interno, come gli intestini dei soldati al fronte, come le menti schiacciate dall'orrore dei combattimenti.

La corruzione che manda in cancrena queste società militarizzate porta in sé la sconfitta del progetto democratico, che si basa sull'uguaglianza tra i cittadini, sulla giustizia economica e sociale e sul primato del diritto rispetto alla forza.

Il cancro della guerra si espande inesorabile: dai corpi alla psiche, all'anima stessa di intere comunità.

3
La corruzione delle società umane

Quando sono arrivato in Iraq era l'inverno del 1990. Ero ancora a capo dell'ufficio dell'Afp a Beirut, ma mi era stato chiesto di spostarmi a Baghdad: i venti di guerra soffiavano sempre più impetuosi nella regione del Golfo, così importante per l'economia mondiale. Il 2 agosto Saddam Hussein aveva invaso il Kuwait. Il 7 agosto il segretario alla Difesa americano Dick Cheney aveva incontrato in Arabia Saudita re Fahd e ottenuto l'autorizzazione a dispiegare truppe americane sul suo territorio. Durante questo summit, Cheney aveva messo sul tavolo alcune fotografie che mostravano la presenza di carri armati e truppe irachene vicino al confine tra il Kuwait e il regno saudita. La polemica scoppiò quasi subito: quelle immagini erano vere o contraffatte? I sauditi inviarono squadre di ricognizione e non trovarono nulla.

Quella prima guerra del Golfo fu costruita su una serie di menzogne che avevano lo scopo di compattare l'opinione pubblica statunitense e di radunare attorno all'impresa – che era in primo luogo americana – una coalizione di una quarantina di Paesi che potessero fornire una dimensione internazionale. L'Urss era caduta da poco e agli Usa serviva assolutamente un nuovo nemico. Inoltre, bisognava vincere una guerra per sbarazzarsi della «sindrome del Vietnam»: la diffidenza, nata dall'esperienza, per le avventure militari in luoghi remoti.

Ho attraversato la frontiera tra la Giordania e l'Iraq a Trebil. Da quando aveva invaso il Kuwait, l'Iraq era sottoposto a sanzioni internazionali tra cui la chiusura del suo spazio aereo. I giornalisti che volevano entrare nel Paese dovevano farlo via terra, a bordo di grossi taxi giordani che facevano pagare molto caro il viaggio da Amman a Baghdad.

La campagna americana iniziò dal cielo, con bombardamenti massicci nel gennaio 1991, e verso la fine di febbraio seguirono le operazioni di terra, contro le divisioni blindate irachene in piena ritirata. Furono letteralmente schiacciate, soprattutto sulla strada che collegava Kuwait City alla città di Bassora nel Sud dell'Iraq, un nastro d'asfalto che da allora è noto come «autostrada della morte». In questa fase gli americani utilizzarono per la prima volta su larga scala munizioni all'uranio impoverito, prodotte in particolare da Northrop Grumman e considerate ideali «sterminatrici di carri armati».

L'uranio impoverito, debolmente radioattivo, è un metallo pesante ottenuto dopo l'arricchimento del minerale di uranio per produrre i componenti – invece altamente radioattivi – delle centrali nucleari o delle armi nucleari. Questo metallo molto denso, lavorato a forma di freccia, costituisce il nucleo dei proiettili anticarro, che viene rivestito da un involucro in tungsteno. Quando colpisce il bersaglio attraversa anche lo spessore di un mezzo corazzato ed esplode infiammandosi nell'abitacolo e generando una temperatura molto alta. Non solo il carro armato viene trasformato in una palla di fuoco, con all'interno i suoi occupanti, ma la polvere che si sparge nell'aria ricade al suolo sotto forma di micro-particelle che hanno una vita di diverse centinaia di anni. Queste particelle, inalate o ingerite (per esempio bevendo l'acqua di falde contaminate o mangiando verdure annaffiate con quell'acqua), causano il cancro.

Nel 2012 sono tornato in Iraq per realizzare un documentario sull'uso dell'uranio impoverito, in particolare nella zona di Bassora. Erano passati vent'anni dalla prima guerra del Golfo e le stanze dell'ospedale cittadino erano piene di pazienti affetti da tumori. Bassora è una città dove l'aria e la terra sono intossicate, eredità dimenticata di una guerra che si doveva evitare.

Migliaia di militari italiani sono stati esposti a questo veleno invisibile in Kosovo, dove si trovavano a seguito di una risoluzione dell'Onu del 1999. In centinaia hanno sviluppato forme tumorali, fra loro anche il generale Fabio Mini, il comandante dell'operazione Nato in Kosovo nel 2002 e 2003. Grazie alle associazioni di malati e sopravvissuti e al lavoro di commissioni d'inchiesta parlamentari (come quella presieduta con instancabile impegno dal democratico Gian Piero Scanu), finalmente nel 2005 si è arrivati a una legge che riconosce il nesso di causalità tra l'uranio impoverito e certi tipi di cancro.

È stata una svolta, non solo perché almeno in parte ha risarcito le vittime, ma perché ha scoperchiato i sepolcri imbiancati. Ha smascherato l'ipocrisia di chi sostiene che l'uranio impoverito, non essendo radioattivo, sia innocuo, e che il legame con i tumori non sia dimostrabile con certezza. Secondo questa linea di difesa, infatti, le patologie identificate sono compatibili con abitudini e stili di vita malsani, come il tabagismo e l'alcolismo. Ma sono grossolane menzogne. All'origine dei tumori dei soldati dei contingenti italiani, come di quelli dei pazienti all'ospedale di Bassora, si trovano sempre nanoparticelle direttamente legate all'esplosione e alla fusione di munizioni all'uranio impoverito.

Tuttavia, anche in questo caso, a troppi conviene tacere. Stoccare l'uranio impoverito costa assai più che vaporizzarlo nell'atmosfera e contaminare per secoli il terreno e l'acqua. Come ho scritto nel titolo del mio documentario sul tema, questo metallo è «un killer molto presentabile». Ufficialmente, è stato ritirato dagli arsenali dell'Occidente dopo la seconda guerra americana in Iraq, ma ho sempre accolto con molto scetticismo questo genere di comunicazioni ufficiali. Soprattutto quando si tratta di un'arma così efficace, così «risolutiva».

Ma chi si interessa veramente alla sorte degli avvelenati di Bassora, di quelli di Fallujah, dei soldati francesi in Bosnia, del contingente italiano in Kosovo? Nessuno.

Al contrario, l'unica preoccupazione dei responsabili di questi scempi sembra essere mentire con la massima efficacia. Prima per poter fare le guerre, e poi per occultarne le conseguenze.

I mille fronti dell'America

All'indomani della Seconda guerra mondiale, gli Stati Uniti si ritrovarono a essere la prima potenza economica e militare del mondo. La pretesa dell'Urss di contrastare questo predominio si scontrava con grandi difficoltà nella corsa agli armamenti, in particolare in campo nucleare. Lungo i decenni Cinquanta e Sessanta, le gerarchie militari e l'intelligence Usa fecero però filtrare informazioni sulla presunta superiorità che i sovietici avevano acquisito nel campo dei bombardieri strategici e dei missili intercontinentali: le espressioni *bomber gap* e *missile gap* diventarono sinistramente famose. Ma erano menzogne, che servivano a mobilitare il potere politico e l'opinione pubblica per aumentare le spese militari.

Il primo a non crederci era il presidente Eisenhower, ex capo delle armate alleate in Europa durante la Seconda guerra mondiale. Nel suo storico discorso d'addio nel gennaio 1961, osò denunciare l'influenza del complesso militare-industriale nelle scelte politiche del Paese. Tuttavia, nel 1983 ecco di nuovo la stessa manipolazione, sotto il presidente Ronald Reagan: il confronto tra Usa e Urss, annunciò presentando il programma Star Wars, si sarebbe spostato nello spazio. In realtà, l'idea di creare uno scudo spaziale contro i missili strategici «comunisti» non fu mai sviluppata: il progetto era troppo complicato. Ma i sovietici ci credettero e si lanciarono a elaborare contromisure. L'Urss era impantanata dal 1979 nella guerra in Afghanistan e questa nuova impresa non fece che aggravare le sue difficoltà economiche; dopo il ritiro senza gloria dal terreno afghano nel 1989, sarebbe collassata definitivamente.

La guerra è un business ed è un settore in piena espansione. È anche una fonte inesauribile di corruzione finanziaria, prodotta da un sistema ipercapitalista dove conta solo l'arricchimento personale. Gli Stati Uniti sono di gran lunga il capofila di questa economia trainata dal settore militare.

Secondo uno studio congiunto della Watson School of International and Public Affairs e del Quincy Institute for Responsible Statecraft, le spese militari americane[1] sono passate da 531 miliardi di dollari nel 2000 a 899 miliardi di dollari nel 2025, a parità di valore della moneta.[2] Già nel 2024 superavano le spese combinate dei nove Paesi che li seguono nella classifica dei più prodighi.[3] Una legge approvata con Trump nel luglio 2025 aggiunge a questa somma ulteriori 156 miliardi di dollari, arrivando a 1060. Nel complesso, quindi, il budget militare americano annuale è quasi raddoppiato in venticinque anni.

Da quando l'America si è ritirata dall'Afghanistan nel 2021, l'attenzione si è spostata sulla Cina e sulla Russia, presentate come la nuova minaccia alla sicurezza nazionale. Stando alle cifre, però, non è così: le spese militari della Cina (314 miliardi di dollari) sono un terzo di quelle degli Stati Uniti, e quelle della Russia (149 miliardi) appena il 15 per cento.[4] Come sottolinea un rapporto della Watson School sull'equilibrio delle forze nel mondo: «Gli strateghi occidentali hanno una lunga tradizione di sopravvalutazione della minaccia militare russa».

Le guerre iniziate dagli Stati Uniti sono anche le più costose: 8000 miliardi di dollari spesi tra il 2001 e la fine del 2022 per gli attacchi scatenati dopo la tragedia dell'11 settembre. A titolo di paragone, si tratta di due volte il Pil annuale dell'India, il Paese più popoloso del mondo con 1,4 miliardi di abitanti. Nello specifico, 5800 miliardi di dollari sono stati spesi per le operazioni belliche, principalmente in Afghanistan e in Iraq. E i restanti 2200 miliardi serviranno per le pensioni dei veterani nei prossimi anni.[5]

Tutti questi soldi si trovano principalmente in un modo: indebitandosi. Entro il 2030, gli Stati Uniti avranno pagato oltre 2000 miliardi di dollari di interessi, sempre secondo i calcoli della Watson School. D'altra parte, finanziare le imprese militari aumentando le tasse scontenterebbe i contribuenti-elettori; così, invece, il costo per la collettività viene occultato e scaricato sulle spalle delle prossime generazioni. Comunque, a livello macroeconomico, l'aumento del debito pubblico comporta un incremento dei tassi di interesse, un effetto secondario che può frenare gli investimenti delle imprese e costare caro anche ai privati e alle famiglie.

Si spende, beninteso, anche per le guerre altrui. Secondo il think tank tedesco Kiel Institute for the World Economy, Kiev ha ricevuto dall'inizio dell'invasione russa – cioè in tre anni – 267 miliardi di euro di aiuti. La metà sono serviti per gli armamenti e altre spese militari, 118 miliardi sono stati destinati all'aiuto finanziario e 19 miliardi all'aiuto umanitario.[6]

I tentativi di trovare una via diplomatica alla risoluzione del conflitto sono falliti uno dopo l'altro. In parte, perché viziati da una notevole ipocrisia di fondo, come ha illustrato perfettamente il vertice del 15 agosto 2025 tra Trump e Putin in Alaska. Per Putin, è stata un'occasione per ridare smalto alla propria immagine, soprattutto in patria. Quanto a Trump, quell'incontro di per sé inutile è stato un modo per mostrare il suo impegno per comporre un conflitto che in campagna elettorale aveva promesso di concludere nel giro di ventiquattr'ore.

Soprattutto, il teatrino istituzionale in Alaska è servito al presidente Usa per distogliere l'attenzione della stampa e dell'opinione pubblica dalla sua politica di militarizzazione della capitale federale, Washington, e di altre città degli Stati Uniti. E conflitti vicini all'Europa come quello ucraino sono un formidabile sostegno alla sua politica estorsiva nei confronti dell'Ue. Finché la Russia sarà percepita come una minaccia, gli americani continueranno a vendere tutti gli armamenti che l'industria militare del Vecchio Continente non è in grado di produrre.

E poi, naturalmente, c'è la Palestina. Dal 7 ottobre 2023, nel primo anno dell'intervento israeliano a Gaza gli Stati Uniti hanno sborsato allo Stato d'Israele 17,9 miliardi di dollari di aiuti militari. Più che in qualsiasi altro anno da quando gli Usa hanno cominciato a sostenere militarmente Israele, nel 1959. Vanno poi aggiunti 4,86 miliardi per le operazioni americane nella regione nello stesso periodo, comprese quelle in Yemen. Consideriamo che il Pil dello Yemen, che è tra i Paesi più poveri del mondo, con 40 milioni di abitanti, nel 2024 è stato stimato a circa 19 miliardi di dollari.

Il 13 agosto 2024 l'amministrazione Biden aveva annunciato nuovi accordi per le armi a Israele, per un totale di 20,3 miliardi di dollari. In particolare, nel giro di alcuni anni, sarebbero stati forniti cinquanta aerei da combattimento Boeing F-15, al prezzo di 18,8 miliardi.[7]

Le stime della Watson School sono prudenti, anche perché non c'è nulla di meno trasparente del mercato degli armamenti. Secondo un'inchiesta di John Hudson per «The Washington Post» del marzo 2024, dall'ottobre 2023 gli Stati Uniti hanno concluso con Israele almeno cento contratti riguardanti armi, senza interpellare il Congresso. Questo passaggio si è potuto evitare grazie all'entità delle somme: l'obbligo di riferire al Parlamento americano scatta a 14 milioni di dollari per gli strumenti di difesa più importanti e a 50 milioni per armi minori e servizi di manutenzione o di formazione. Secondo il quotidiano della capitale, sono così sfuggite al vaglio del Congresso «migliaia di munizioni a guida di precisione, bombe di piccolo calibro, bombe anti-bunker, armi leggere e altri strumenti letali».[8]

Sempre la Watson School mostra come le forniture militari a Israele siano un affare d'oro per i principali produttori di armi. Il governo israeliano è infatti tenuto a impiegare la maggior parte degli aiuti finanziari statunitensi in acquisti di armamenti prodotti negli Usa. Tra i fornitori ci sono Boeing, General Dynamics, Lockheed Martin, Northrop Grumman, RTX (in precedenza Raytheon), e altri come Caterpillar, costruttore dei bulldozer blindati che radono al suolo gli edifici di Gaza. Il periodico «Tablet Magazine» definisce gli aiuti a Israele come una «sovvenzione indiretta e redditizia ai fabbricanti d'armi americani». Di certo, collegare questo genere di sovvenzioni verso l'estero alla produzione nazionale è cruciale per mantenere il sostegno politico. Anche perché le industrie in cui si producono armi sono sparse in tutto il continente e garantiscono posti di lavoro. Presentando il budget del 2025, la Casa Bianca ha giustificato l'esigenza di 92 miliardi di dollari in più con «necessità urgenti di sicurezza nazionale», in particolare in Ucraina e in Israele. Ha aggiunto che questo consentirà di realizzare «investimenti importanti e indispensabili nell'industria della difesa americana, contribuendo alla creazione e al mantenimento di posti di lavoro in decine di Stati americani».[9]

Ecco spiegata la reticenza di Washington a fare pressioni su Israele per fermare il massacro a Gaza. È l'interesse economico a guidare la mano del governo, non certo quello umanitario. Una sete di denaro che ha come contraltare ideologico la visione, condivisa da Washington e da Tel Aviv, delle popolazioni locali come barbare e selvagge. L'America è stata costruita sullo sterminio degli autoctoni, e allo stesso modo Israele cerca di allontanarli o eliminarli per portare a termine il suo progetto di colonizzazione della Palestina, e delle terre arabe conquistate in Libano e in Siria.

Una miniera d'oro e di morte

Non c'è solo Israele, ovviamente. Gli Stati Uniti sono di gran lunga il maggior produttore di armi al mondo, con il 42 per cento di tutte le esportazioni militari nel periodo 2019-2023, secondo lo Stockholm International Peace Research Institute (Sipri). Staccano di parecchie lunghezze la Russia (11 per cento, come la Francia) e la Cina (5,8 per cento). Nello stesso lasso di tempo, i maggiori importatori di armi sono stati India, Arabia Saudita, Qatar, Ucraina e Pakistan.[10] Ma dal momento che le dinamiche di questo mercato cambiano rapidamente seguendo i venti di guerra, nell'ultimo rapporto del Sipri del marzo 2025 è l'Ucraina – per il momento – il primo destinatario. Non meno di trentacinque Stati le hanno inviato armi, dall'invasione russa, e tra il 2020 e il 2022 ha raggiunto l'8,8 per cento dell'importazione mondiale. La maggior parte delle forniture proviene dagli Usa (45 per cento), seguiti da Germania (12 per cento) e Polonia (11 per cento). Negli stessi anni, l'import di armi degli Stati europei membri della Nato è più che raddoppiato: +105 per cento dal periodo 2015-2019 al 2020-2024. Al grido di «riarmare l'Europa», l'America di Trump ha comminato al Vecchio Continente una multa in puro stile mafioso. E ha fornito il 64 per cento di queste armi, mentre la Francia e la Corea del Sud il 6,5 ciascuna, la Germania il 4,7 e Israele il 3,9. È la prima volta, nota il Sipri, che l'export americano si indirizza più all'Europa (35 per cento) che al Medio Oriente (33 per cento). Al contrario, le esportazioni di armi dalla Russia sono crollate (-64 per cento) a partire dai due anni precedenti all'invasione dell'Ucraina: già nel 2020 e nel 2021 erano state molto inferiori rispetto agli anni precedenti.[11]

La nuova corsa agli armamenti va in primo luogo a vantaggio delle industrie militari tradizionali. Secondo lo studio congiunto del Quincy Institute for Responsible Statecraft e della Watson School of International and Public Affairs del luglio 2025, «nonostante il ritiro degli Stati Uniti dall'Afghanistan nel 2021 e la riduzione della "guerra al terrorismo", le spese del Pentagono e i ricavi dei suoi subappaltatori sono rimasti estremamente elevati, in gran parte a causa dell'attenzione che i militari dedicano alla Cina, considerata come la nuova sfida alla sicurezza nazionale. L'industria americana ha anche largamente beneficiato del forte aumento della vendita di armi all'estero, legato alle guerre in

Ucraina e a Gaza». Dal 2020 al 2024, l'ultimo periodo per il quale sono disponibili statistiche complete, le aziende private hanno ricevuto dal Pentagono 2,4 trilioni di dollari in contratti, di cui 771 miliardi assegnati a sole cinque aziende: Lockheed Martin (313 miliardi), RTX (ex Raytheon, 145), Boeing (115), General Dynamics (116) e Northrop Grumman (81). Mentre, per esempio, il budget totale della diplomazia americana, dello sviluppo e dell'aiuto umanitario ammontava a 356 miliardi di dollari. Meno della metà.[12]

Il problema, denunciato a suo tempo dal presidente Eisenhower, è l'influenza sproporzionata che le industrie militari hanno acquisito nel processo decisionale politico sia in patria sia sulla scena internazionale. Per loro, le guerre, le tensioni sociali, le minacce alla sicurezza interna sono una manna dal cielo. I conflitti sono laboratori per sviluppare nuovi modi di uccidere e vetrine dove espongono prodotti innovativi o già collaudati. La violenza, che sia nelle città americane, sul fronte in Ucraina o tra le rovine di Gaza, è un'opportunità per fare nuovi affari e arricchirsi.

Per assicurarsi il sostegno della classe politica e dell'opinione pubblica, le aziende spendono miliardi di dollari. Finanziano le campagne elettorali dei membri del Congresso, fanno proseliti tra le fila di ex o futuri esponenti di governo, investono in centri studi e analisi in cui si conferma l'idea di una minaccia permanente, capace di giustificare la mobilitazione costante. Sempre secondo lo studio congiunto del Quincy Institute e della Watson School, nel 2024 l'industria degli armamenti impiegava 950 lobbisti a Washington – ovvero 220 in più rispetto al 2020 – contribuendo a orientare le politiche e a far aumentare le spese militari.

Distratti e corrotti

Questo sviluppo esponenziale dell'industria della guerra prosegue a dispetto dei flagranti insuccessi delle avventure militari nell'ultimo quarto di secolo, prime fra tutte quelle in Iraq e in Afghanistan. Che sono state accompagnate da un livello senza precedenti di corruzione, frode e cattiva gestione. I vent'anni a Kabul, dal 2001 al 2021, hanno significato per gli Usa un salasso intorno ai 2313 miliardi di dollari, tra spese militari, tentativi di ricostruzione e interessi sul debito. Per tacere del costo umano, con oltre 243mila morti tra combattenti e civili.[13]

In vent'anni, circa 108 miliardi di dollari per appalti relativi all'Afghanistan sono andati ad aziende americane e internazionali. Le quattordici più grandi hanno ricevuto più di un miliardo di dollari ciascuna e hanno rappresentato insieme più del 40 per cento delle spese contrattuali del Dipartimento della Difesa. Secondo Heidi Peltier, professoressa alla Brown University, «un controllo inadeguato, unito al problema del subappalto, crea un sistema in cui il governo americano paga appaltatori le cui spese sono poi praticamente impossibili da ricostruire. Inoltre, è stato dimostrato che i contratti stipulati in tempo di guerra sono viziati da corruzione e spreco: diverse fonti indicano che almeno il 30 per cento – e forse molto di più – dei soldi versati per l'Afghanistan è andato perduto, per attività criminali o per negligenza».[14]

Quanto alla guerra in Iraq, dall'invasione americana del marzo 2003 al ritiro del dicembre 2011 le stime variano, ma il prezzo pagato dagli Stati Uniti, incluse le spese dirette e le cure a lungo termine per i veterani, dovrebbe superare i 3000 miliardi di dollari.[15] Quanto al costo umano, i dati divergono in modo considerevole: si va da 150mila morti legate alla guerra a più di un milione. Una valutazione attendibile della rivista medica «The Lancet» parla di più di 600mila civili uccisi in atti di guerra.[16] Intanto, la campagna è stata segnata da una corruzione generalizzata, iniziata fin dall'arrivo delle truppe americane a Baghdad e con l'installazione dell'Autorità Provvisoria della Coalizione (Coalition Provisional Authority, Cpa). Immediatamente, gli Stati Uniti hanno cominciato a inviare a Baghdad i beni iracheni congelati nelle casseforti della Federal Reserve a New York: 12 miliardi di dollari in contanti, trasferiti in diversi mesi.[17] La Cpa e il comando militare americano hanno fin da subito distribuito questa somma colossale senza alcun controllo contabile.

All'epoca ero a Baghdad, dove nell'aprile 2003 avevo coperto i bombardamenti americani e l'arrivo dei carri armati Usa nel cuore della capitale irachena, piazza Firdos. Nelle settimane che seguirono, prima ancora che a maggio fosse istituita la Cpa e che arrivasse Paul Bremer a guidarla, le mazzette di dollari fecero la loro apparizione nei palazzi di Saddam Hussein occupati dalle truppe Usa, nella famosa Green Zone, la «zona verde». Ce n'erano talmente tante che i soldati giocavano a football americano con pacchi di banconote al posto del pallone. Quei miliardi sono evaporati, senza lasciare alcuna traccia. Più tardi, quando il Congresso ha indagato su quella che è sicuramente la più grande distrazione di fondi della storia, Bremer si è difeso dicendo che si trattava di «denaro iracheno» e che gli Stati Uniti non potevano essere considerati responsabili del suo utilizzo.

Ma anche somme decisamente «americane» si sono perse nelle sabbie di quel deserto. Secondo un rapporto dell'ispettore generale speciale degli Stati Uniti per la ricostruzione dell'Iraq, più di 8 miliardi di dollari sui 60 destinati alla ricostruzione sono andati sprecati.[18] Non pochi responsabili di progetti di aiuto, funzionari iracheni e personale statunitense si sono direttamente resi colpevoli di atti di corruzione.

In questa situazione non è facile per il Pentagono fare i conti. Al punto che il Dipartimento della Difesa Usa (l'istituzione più spendacciona del mondo, e significativamente ribattezzata da Trump Dipartimento della Guerra) non è riuscito a passare i sette audit contabili cui è stato sottoposto da quando sono diventati obbligatori nel 2018, a quanto scriveva nel novembre 2024 la testata online «The Hill». I responsabili del dipartimento garantiscono che il Pentagono non risparmia gli sforzi per arrivare alla massima trasparenza, e che passerà l'esame contabile nel 2028.[19]

Secondo un'inchiesta del magazine online «Responsible Statecraft», associato al Quincy Institute, il Pentagono è incapace di identificare correttamente il 63 per cento dei suoi 3800 miliardi di dollari di beni. Queste scorte sono infatti controllate dai subappaltatori militari, che non forniscono inventari precisi. È dal 1981 che il General Accounting Office (Gao), l'equivalente americano della nostra Corte dei conti, segnala il problema, ma senza risultati. I subappaltatori continuano a produrre sistemi d'arma e pezzi di ricambio che hanno già nei magazzini, in «un incredibile spreco di denaro dei contribuenti» sottolinea l'articolo.[20]

Un esempio eccellente è il programma militare F-35, il più caro della storia con un costo totale di 2000 miliardi di dollari. Il Pentagono, tecnicamente, è proprietario delle scorte mondiali di pezzi di assemblaggio per tutte le varianti dell'aereo F-35 ma a gestirle sono i suoi fornitori, in primo luogo Lockheed Martin e Pratt & Whitney. A queste aziende, secondo il Gao, il Pentagono si affida per registrare «costo, quantità totale e dislocazione» di tutti questi pezzi nel mondo. Secondo il Dipartimento della Difesa il valore totale dello stock ammonta a oltre 220 miliardi di dollari, ma secondo il Gao la cifra è «probabilmente molto sottostimata». Ma perché il Pentagono non sa nulla del tesoro in pezzi di aerei sparsi per il mondo? Perché non ha accesso ai documenti delle aziende private che detengono il subappalto. E quando Lockheed Martin ha minacciato di fatturare un lavoro di inventario, ha stimato che avrebbe richiesto 450mila ore, per un costo esorbitante. Meglio lasciar perdere. Tuttavia, questa situazione non ha impedito al Congresso di autorizzare, nel 2018, l'acquisto di altri novanta F-35, una dozzina in più rispetto a quelli che il Pentagono aveva richiesto.[21]

La tecnologia che uccide

È chiaro che le spese militari statunitensi rappresentano una torta colossale da spartirsi, e di cui è relativamente semplice far sparire qualche fetta. Inevitabilmente, l'affare ha attirato l'attenzione dei nuovi grandi attori sulla scena economica: i giganti dello hi-tech. Sono passati rapidamente dai videogiochi e dagli smartphone alla robotica e all'intelligenza artificiale. E hanno capito altrettanto in fretta quali profitti economici potessero derivare dallo sviluppo di sistemi sempre più efficaci e meno onerosi per sorvegliare, distruggere, eliminare le persone. Nella mischia si sono gettati molti Paesi occidentali, come pure naturalmente la Cina e la Russia, ma anche in questo campo gli Stati Uniti sono incontestabilmente una superpotenza. E non c'è da stare tranquilli – perlomeno nelle nostre società liberali e democratiche – al pensiero che aziende nate con la promessa di facilitarci la vita si siano lanciate con tanto entusiasmo sul mercato della morte.

Una domanda interessante è come si svilupperà il confronto tra i fornitori tradizionali del Pentagono e i nuovi arrivati dell'alta tecnologia. Conoscendo bene i poteri politici statunitensi e la loro codardia, non ho molti dubbi in proposito: per evitare uno scontro tra «antichi» e «moderni» si farà lievitare ancora di più il budget della Difesa. E anche per questa ragione la pressione di Washington sull'Europa affinché acquisti sempre più armi e tecnologie militari dagli Usa non farà che crescere.

È sempre il Quincy Institute a spiegare in uno studio recente: «La forma di quello che il presidente Eisenhower chiamava il "complesso militare-industriale" evolve man mano che le aziende di tecnologia militare si vedono attribuire una quota crescente del budget del Pentagono e acquisiscono potere politico. La loro ascesa segna il più grande sconvolgimento nell'industria degli armamenti degli ultimi cinque anni. Aziende come SpaceX, Palantir e Anduril hanno ottenuto dal Pentagono contratti da diversi miliardi di dollari nei settori delle comunicazioni, del targeting, dei droni, della difesa anti-drone e delle armi ipersoniche. I fondi saranno versati progressivamente, così che nei prossimi anni queste società rientreranno tra i primi subappaltatori del Pentagono, in termini di valore dei contratti».[22] I nuovi interlocutori esercitano un'influenza considerevole sull'amministrazione Trump, come testimoniano il ruolo di Elon Musk, che per un periodo è stato a capo del Doge, Dipartimento dell'Efficienza governativa; i legami stretti del vicepresidente J.D. Vance con il fondatore di Palantir, Peter Thiel; e il ruolo delle aziende tecnologiche della Silicon Valley, e delle società di venture capital che vi investono, nella selezione dei candidati al Pentagono e ad altre agenzie chiave, così come nel collocamento di dipendenti della pubblica amministrazione. Il settore delle tecnologie militari è profondamente radicato nel governo Trump, il che dovrebbe dargli un vantaggio nelle future battaglie per assicurarsi fette consistenti del budget disponibile.

Ma c'è un paradosso al cuore della società ipermilitarizzata che le nostre élite ci propongono. Da quando i grandi «boss» dell'alta tecnologia hanno intrapreso questo percorso, hanno dovuto aumentare le misure impiegate per garantire la propria protezione e quella delle proprie famiglie. In sintesi: chi più alimenta lo spirito di guerra e ne guadagna, più deve temere per la propria incolumità. Chi semina vento raccoglie tempesta, diceva un vecchio adagio, e lo conferma un'inchiesta del «Financial Times» del 15 agosto 2025, che analizza i budget di sicurezza dei ceo di dieci grandi aziende tecnologiche, notando che nel 2024 hanno superato i 45 milioni di dollari. Precisa che nel caso di Alphabet, Amazon, Meta, Nvidia e Palantir le spese sono lievitate di oltre il 10 per cento in un anno. E spiega che i dirigenti sono particolarmente vulnerabili a causa della «loro notorietà, dell'ostilità del pubblico verso i profitti delle aziende, dei licenziamenti, dell'uso improprio dei dati e del loro ruolo politico crescente fin dalla campagna presidenziale del 2024».[23] Il riferimento è al sostegno finanziario e propagandistico fornito alla candidatura di Trump: il quotidiano cita l'esempio di Alex Karp, il ceo di Palantir, che si professa liberal e la cui fortuna è aumentata di quasi 7 miliardi di dollari nel 2024. Karp ha ricevuto minacce di morte a causa della collaborazione con l'esercito israeliano della sua società di trattamento dati personali. Gli viene anche rimproverato di lavorare con l'Immigration and Customs Enforcement, l'agenzia americana che si occupa di immigrazione e i cui metodi violenti e talvolta illegali per arrestare ed espellere le persone migranti sono molto criticati negli Stati Uniti, anche negli ambienti conservatori.

La finanza che uccide

Secondo il citato magazine «Responsible Statecraft», il virus della militarizzazione ha infettato anche l'espressione più compiuta del capitalismo finanziario, il venture capital. È un tipo di finanziamento privato in cui gli investitori acquisiscono una quota di partecipazione in giovani aziende innovative che hanno un forte potenziale di crescita. In genere si ritirano in fretta, quando il loro investimento iniziale ha generato profitti sufficienti.[24] Tutto il contrario degli impegni finanziari delle aziende tradizionali che lavorano con la Difesa, i cui programmi impiegano anni per vedere la luce. In questo caso, il denaro investito è allocato dal Congresso e proviene dal budget federale, alimentato dalle tasse ma soprattutto dal debito. Per fare un esempio, ci sono voluti vent'anni per progettare e poi realizzare la più moderna delle portaerei americane, la *Gerald Ford*, costata oltre 13 miliardi di dollari. Altre cinque portaerei dello stesso tipo sono già in costruzione, con l'obiettivo di una flotta totale di almeno undici.

C'è dunque un conflitto, nel cuore stesso del Pentagono e del Congresso, tra chi fa affidamento sui metodi classici di finanziamento e chi invece ritiene che il futuro appartenga alle start-up e ai venture capitalist. I colossi del capitale di rischio hanno iniziato a investire nelle tecnologie militari, con conseguenze dirette sulla società intera. Trasformare gli asset finanziari in armi, infatti, sottrae fondi ad altre priorità essenziali, come l'ambiente o la sanità. Inoltre, crea nuovi sistemi militari che devono essere testati sul campo, in situazione di conflitto. È quindi un forte incentivo a impegnarsi – allo scopo di arricchirsi rapidamente – in nuove avventure militari.

Come nota «Responsible Statecraft», molti venture capitalist auspicano una riforma del sistema di fornitura di armi, «che renda possibile acquisire più prodotti "commerciali" pronti all'uso, e non soltanto progettati su misura per il Pentagono». È chiaro che, come ogni prodotto, il loro successo dipende dal fatto che siano in molti a comprarli. Dunque, una nuova gamma di tecnologie per scopi militari verrà proposta a un sistema mondiale già inondato di armamenti mortali e sistemi di sorveglianza distopici. Nel frattempo, la costruzione di armi ci viene presentata, in modo del tutto ideologico, come il principale vettore di innovazione, crescita economica, buoni posti di lavoro nell'industria e investimenti in infrastrutture.

Secondo William D. Hartung, un esperto americano di temi inerenti alla difesa, «se l'esercito statunitense adotta il "nuovo complesso militare-industriale ottimizzato" promosso dai padroni della Silicon Valley, i casi sono due: otterremo sistemi complessi le cui prestazioni non corrispondono alle aspettative, oppure un nuovo potenziale che renderà la guerra più probabile, oltre che più letale. Queste prospettive distopiche non faranno che rafforzarsi grazie ai nuovi militaristi della Silicon Valley e alla loro ideologia. Si considerano i "fondatori" di una nuova forma di guerra e i "nuovi patrioti", pronti a far tornare l'America all'antico splendore, senza bisogno di un governo democratico che decida se impegnarsi nei conflitti. In realtà, preferirebbero che il governo si ritirasse lasciando campo libero a loro per risolvere gli innumerevoli problemi che dobbiamo affrontare».[25] Una vera e propria tecnocrazia che di sicuro non farebbe tanto gli interessi del cittadino medio, quanto piuttosto quelli di un'élite i cui obiettivi, se pure fossero raggiungibili, non sarebbero accessibili a tutti. Dal sogno della vita eterna perseguito da Peter Thiel a quello di Elon Musk di colonizzare l'intero spazio, le opportunità sarebbero riservate alla specie superiore alla quale i tecno-militaristi sono convinti di appartenere.

Segreti e bugie

Per gonfiare all'infinito le spese militari e scatenare guerre, i governanti devono – almeno per ora – renderne conto all'opinione pubblica. E qui entra in gioco la propaganda, la menzogna di Stato. Tutti i recenti conflitti hanno radici profonde in bugie e manipolazioni più o meno sofisticate. Che finiscono per costruire una potente macchina di disinformazione di massa e di corruzione intellettuale della società.

Putin, per esempio, ha motivato la sua invasione dell'Ucraina con la necessità di «denazificare» il Paese. Il nazismo, secondo Mosca, non è automaticamente antisemita, può essere «anti-slavo», o «anti-russo». Nello stesso tempo, si sostiene che l'Ucraina sia un rifugio per tutte le devianze dell'Occidente, come l'omosessualità o la transessualità. Difficile conciliare l'idea di un'Ucraina nazista con quella di un'Ucraina gay-friendly, ma la propaganda ripete i suoi ritornelli ignorandone le contraddizioni. Netanyahu, dal canto suo, ha giustificato l'annientamento di Gaza con la necessità di liberare Israele (ma anche i palestinesi) dalla minaccia «esistenziale» rappresentata da Hamas. Un argomento poco convincente, considerate le forze in campo: da un lato, una milizia armata di kalashnikov e razzi poco precisi, dall'altro una nazione nucleare dotata di centinaia di cacciabombardieri e migliaia di veicoli blindati. Lo stesso vale per il confronto tra Israele e Iran. È dal 1992, prima ancora di essere eletto primo ministro, che Netanyahu suona l'allarme sulla bomba atomica che Teheran sarebbe a un passo dal costruire: mancherebbero pochi anni, anzi, pochi mesi. Nel giugno 2025 si è arrivati così ai bombardamenti israeliani e poi americani su installazioni del programma nucleare iraniano. Tuttavia, nel marzo 2025, Tulsi Gabbard, la responsabile dell'intelligence statunitense, aveva testimoniato davanti al Congresso che «l'Iran non sta costruendo armi nucleari e che la guida suprema Khamenei non ha autorizzato il programma di armamento nucleare che ha sospeso nel 2003».

Ma al centro della più grande operazione di manipolazione della storia contemporanea c'è stata senz'altro la guerra in Iraq: quella che ha definitivamente spezzato il patto di fiducia che, nelle democrazie come gli Usa, lega governanti e governati.

All'indomani degli attentati di Al Qaeda dell'11 settembre 2001, gli Stati Uniti decidono di intervenire in Afghanistan per eliminare Bin Laden, i suoi complici e i talebani che lo proteggono. Ma una piccola cricca di estremisti come il segretario alla Difesa Donald Rumsfeld e il vicepresidente Dick

Cheney ne approfitta per prendersela con Saddam Hussein. Sono molto influenzati da un gruppo di ideologi neoconservatori che occupano posti chiave al Dipartimento della Difesa e al Consiglio di Sicurezza dell'Onu, e che nel 1996 hanno proposto una strategia per garantire la sicurezza di Israele. Hanno redatto una tabella di marcia, destinata al neoeletto primo ministro Netanyahu: un documento intitolato *A Clean Break: A New Strategy for Securing the Realm* che propone di neutralizzare preventivamente i Paesi arabi che potrebbero presentare un pericolo per Israele. L'Iraq è in prima linea. George W. Bush lo cita nel suo discorso sullo stato dell'Unione nel gennaio 2002, definendolo membro dell'Asse del Male. Nell'agosto 2002 la Casa Bianca crea l'Iraq Survey Group (Isg), che deve coordinare tutti gli aspetti dell'operazione. La macchina militare si mette in moto. Ma bisogna giustificare una guerra di grande portata contro un Paese che in realtà sembra allo stremo, soffocato da anni di sanzioni, e che per di più è tenuto sotto stretta sorveglianza da ispettori internazionali che ne hanno distrutto sistematicamente le infrastrutture militari. La propaganda ufficiale si attiva e denuncia l'esistenza di armi di distruzione di massa nascoste dal regime di Baghdad. Armi chimiche, biologiche, persino nucleari, e missili in grado di raggiungere gli Stati Uniti.

La Casa Bianca e il Pentagono chiedono alla Cia di preparare un rapporto su queste presunte dotazioni militari. Non è un'impresa facile, dato che non esistono, cosa che la Cia sa benissimo perché lo ha verificato grazie a un'operazione di infiltrazione perfettamente riuscita. Ma non si può dare un dispiacere al presidente, anche perché il vicepresidente in persona si reca al quartier generale di Langley per seguire in presa diretta il lavoro degli analisti. Intanto, la stampa americana trabocca di testimonianze di fonti presentate come attendibili che confermano l'esistenza di armi di distruzione di massa. Questi personaggi sono spesso «forniti» ai giornalisti da un esiliato iracheno di nome Ahmad Chalabi, che ha saputo rendersi indispensabile all'amministrazione Bush ed è sospettato di avere stretti legami con i servizi segreti statunitensi.

Alla fine, il dossier di novantadue pagine preparato dalla Cia è pieno di ambiguità. Viene presentato al Congresso, circondato da misure estreme di sicurezza. Lo collocano in una stanza sorvegliata ventiquattr'ore su ventiquattro dove deputati e senatori hanno il diritto di leggerlo, da soli, senza la presenza dei loro assistenti. Su 529 parlamentari e senatori, soltanto in 22 si prendono la briga di farlo.

Tra il 10 e l'11 ottobre 2002 il Congresso americano approva una risoluzione che autorizza Bush a muovere guerra all'Iraq. Gli Usa tentano invano di coinvolgere i membri del Consiglio di Sicurezza dell'Onu per ottenere una copertura internazionale al loro progetto bellico. Incuranti del rifiuto, nella notte del 20 marzo 2003, danno il via alle operazioni.

A questa tragedia assisto da un punto di osservazione privilegiato: dalle finestre della mia stanza all'hotel Palestine guardo i pirotecnici bombardamenti dei palazzi di Saddam Hussein sull'altra riva del fiume Tigri. Conosco le manipolazioni messe in campo per arrivare a questa notte e a questo cielo striato di esplosioni. Immagino l'entità della distruzione che ci aspetta. E anni dopo realizzerò un documentario sulle menzogne ufficiali che ci hanno condotto fin qui.

La guerra in Iraq ha ucciso centinaia di migliaia di civili e ha disarticolato il Paese. Ha provocato una cascata di conseguenze tragiche: un conflitto intestino tra sciiti e sunniti; l'ascesa del jihadismo in un Paese dalle tradizioni laiche; la nascita dello Stato Islamico; la destabilizzazione della vicina Siria e la sua distruzione. Ma anche nel mondo occidentale le conseguenze non sono state da meno, perché quello è stato il primo atto di un potere politico svincolato dalla morale.

Ignorando la supremazia del diritto, o piegandola a un presunto interesse nazionale superiore, le nazioni liberali si allineano alle autocrazie. Rinnegano i propri valori e non possono più accampare alcuna superiorità etica. Oggi assistiamo al culmine della deriva cominciata allora con le menzogne propinate al Congresso e le bombe nel cielo di Baghdad. Donald Trump non è il problema – né tantomeno la soluzione – ma soltanto un sintomo. La malattia è la corruzione morale degli Stati Uniti, di cui Bush padre e figlio sono stati protagonisti.

La falsa scelta tra sicurezza e democrazia

Per lanciare avventure guerresche all'estero, l'imperativo della difesa nazionale è sempre il metodo più efficace. Indipendentemente dal fatto che il pericolo esista o no. Ma se i governi possono mentire impunemente, perché il semplice cittadino dovrebbe essere più onesto? Se la forza prevale sul diritto, perché affidarsi al dialogo e al compromesso per risolvere una controversia?

Intanto, si fa largo una logica securitaria che porta ad armarsi contro minacce vere o presunte al territorio nazionale. Dopo gli sconvolgenti attentati dell'11 settembre 2001, i cittadini negli Stati Uniti e in Europa hanno acconsentito a misure securitarie che hanno limitato ovunque la loro libertà. Non hanno protestato né hanno messo in dubbio la loro efficacia, e nei decenni successivi hanno accettato un'intrusione sempre maggiore nella loro vita privata. Se ne sono persino resi complici, lasciando che i giganti della tecnologia attingessero a piene mani ai loro dati personali.

Un risultato di questa deriva sono i colpi di mano del potere, come la militarizzazione delle città americane da parte di Donald Trump. Nell'estate del 2025 ha dispiegato ottocento soldati della Guardia Nazionale per le strade di tre città tra cui Washington, la capitale e il simbolo del potere americano. Il pretesto: una criminalità fuori controllo, una teoria ampiamente smentita dai dati che la mostravano in quel momento al suo livello più basso da trent'anni. Peraltro, con un 96 per cento di vittime povere e di colore.[26] Trump ha ordinato a militari e agenti dell'Fbi di dispiegarsi a fianco della polizia locale. Inevitabile porsi domande sulle vere intenzioni dell'inquilino della Casa Bianca, anche perché si tratta dello stesso uomo che ha graziato e fatto uscire di prigione centinaia di suoi sostenitori condannati per l'assalto al Campidoglio del 6 gennaio 2021. I manifestanti contestavano i risultati del voto del novembre 2020 che aveva visto la vittoria di Biden. Questa è la natura di Trump: accetta i risultati delle elezioni solo se le vince. Riuscirà a resistere alla tentazione di applicare questa regola alle prossime consultazioni elettorali? Ha il potere di dichiarare lo stato d'emergenza e annunciare che non ci sono condizioni di sicurezza sufficienti per consentirne lo svolgimento. «La democrazia americana è minacciata. Il presidente Trump sconvolge le norme e calpesta la Costituzione» scriveva David Brooks in un articolo di «The New York Times» a metà agosto 2025.[27]

A dire il vero, questa deriva antidemocratica non dispiace a una parte dell'opinione pubblica e dell'élite finanziaria americane. I sostenitori di Trump hanno in lui una fiducia cieca e nutrono una buona dose di scetticismo nei confronti della democrazia liberale. Credono alle sue bugie sull'«invasione dei barbari» venuti dall'America Latina che le pattuglie armate dell'Immigration and Customs Enforcement (Ice) inseguono senza tregua. Credono al complotto del *deep State*, le strutture statali che avrebbero l'obiettivo di paralizzare la presidenza Trump. Sono convinti che le sue misure economiche (i dazi doganali, gli sgravi fiscali, le deregolamentazioni) porteranno loro – in futuro – benefici importanti. Negli ambienti della finanza, delle nuove tecnologie, delle industrie militari, Trump è visto di buon occhio. La Borsa va bene, gli ordini di armi e di tecnologie della sicurezza si moltiplicano. E non dimentichiamo che per gli ultraricchi la democrazia è più un vincolo che un vantaggio: implica controllo pubblico, dibattito, dissenso e un certo livello di redistribuzione delle ricchezze, e niente di tutto questo è gradito a chi vuole solo comandare e guadagnare senza intralci.

Ma la minaccia alla democrazia non viene solo dall'avidità dei pochi. Viene dall'ignavia dei tanti. Sono in molti a trovare rassicurante l'esercito nelle strade e la tolleranza zero contro migranti e senzatetto. Sono in molti a credere a una propaganda che propone per i loro problemi reali – il lavoro povero o la mancanza di lavoro, il costo della vita, i servizi insufficienti – soluzioni immaginarie come sbarazzarsi di un ipotetico «nemico interno». Sono in molti a bersi la scusa a geometria variabile della «sicurezza nazionale». Ed è facile giocare sull'ansia dei cittadini indirizzandola, grazie alla propaganda, verso ogni forma di alterità. Lo straniero, in particolare il musulmano, diventato il bersaglio ideale degli etno-nazionalisti di ogni risma in Europa. Le minoranze sessuali, che metterebbero a rischio il decoro, la famiglia tradizionale, la perpetuazione stessa della specie. I poveri e gli esclusi, che minano l'architettura capitalistica iperliberale. Secondo la narrazione securitaria, contro tutti questi pericoli bisogna dispiegare sempre più forze, sempre più armi. Ma il vero scopo è soffocare qualsiasi forma di ribellione contro l'ingiustizia di un sistema che produce disuguaglianze e guerre.

La sconfitta della civiltà

La militarizzazione della società, sostenuta da un'ideologia marziale e dalla propaganda bellica, segna la fine dello Stato di diritto e della democrazia. È qui che siamo arrivati. Questo è il punto di svolta in cui le élite economiche e finanziarie hanno la possibilità di tracciare per tutta la collettività un percorso di guerra e di scontro sociale. E non è il risultato dell'arrivo al potere di Trump negli Usa o delle destre radicali in Europa. È una deriva che riflette la trasformazione dell'Occidente in una società ultradiseguale, come nota Brooks nel citato articolo su «The New York Times» intitolato *La nuova segregazione americana*. Non più la segregazione contro i neri (che hanno avuto il diritto di voto solo nel 1965), ma quella contro i poveri, le classi operaie, e persino le classi medie. «Siamo chiari: la resistenza contro Trump tratta il sintomo, e non il male. Il male è l'ondata di populismo che sale nel mondo sviluppato da anni, anzi da decenni. La causa è la segregazione delle nostre società in sistemi di caste, dove la quasi totalità delle opportunità, del rispetto e del potere è concentrata nelle mani della casta istruita, e dove una gran parte della classe operaia desidera, a ragione, distruggere tutto.» Fa effetto leggere l'espressione «classe operaia», e in controluce il concetto di «lotta di classe» – un tempo appannaggio dei perfidi comunisti nemici della libertà – sul quotidiano dell'élite intellettuale liberal americana. A chiunque abbia occhi per vedere, d'altra parte, è evidente che le varie crisi dell'ultimo ventennio – da quella economica a quella sanitaria – hanno enormemente ampliato la forbice tra chi può permettersi molto e chi non può più permettersi niente. Affittare una casa – e figurarsi comprarla – è un sogno per la maggioranza dei giovani, il risparmio individuale è considerato una preda per i voraci mercati finanziari, e la libertà d'espressione è diventata il privilegio raro di alcuni irriducibili democratici, troppo in vista per essere imbavagliati.

La soluzione proposta dai nostri governanti? Più guerre.

Ero a Baghdad quando Dominique de Villepin, allora ministro francese degli Affari esteri, prese la parola il 14 febbraio 2003 davanti al Consiglio di Sicurezza dell'Onu. Noi corrispondenti stranieri seguivamo il dibattito assieme ai giornalisti iracheni sugli schermi televisivi della grande sala del ministero dell'Informazione. Gli Stati Uniti, come abbiamo visto, chiedevano una risoluzione del Consiglio per fornire un imprimatur internazionale al loro progetto di guerra. Parigi non era d'accordo e voleva dare più tempo agli ispettori internazionali dell'Onu che stavano cercando, senza trovarle, le famose armi di distruzione di massa. «La guerra è sempre la certificazione di un fallimento» proclamò de Villepin, annunciando che la Francia avrebbe posto il veto a una risoluzione che approvasse un'offensiva contro l'Iraq. Furono parole sagge ma inutili. Bush junior e la sua squadra di «falchi» volevano combattere a tutti i costi, ed erano disposti a infischiarsene dell'approvazione del resto del mondo.

Nel corso della Storia, sono sempre risuonate voci coraggiose e sincere che si opponevano alla guerra. Il presidente Eisenhower, prima ancora di denunciare nel 1961 il complesso militare-industriale, il 16 aprile 1953 – cioè in piena Guerra Fredda – si rivolse all'Associazione americana degli editori di giornali in questi termini: «Ogni cannone fabbricato, ogni nave da guerra varata, ogni razzo lanciato significa, in fin dei conti, un furto ai danni di chi ha fame e non viene nutrito, di chi ha freddo e non viene vestito. Questo mondo in armi non spende soltanto denaro. Spende il sudore dei suoi lavoratori, il genio dei suoi scienziati, le speranze dei suoi bambini. Il costo di un bombardiere pesante all'avanguardia si riassume così: una scuola moderna in oltre trenta città. Sono due centrali elettriche, ognuna al servizio di una città di 60mila abitanti. Sono due buoni ospedali, completamente attrezzati. Sono cinquanta chilometri di strada asfaltata. Paghiamo un solo caccia con mezzo milione di moggi di grano. Paghiamo un solo cacciatorpediniere con nuove case che avrebbero potuto accogliere più di ottomila persone. La vita non dovrebbe essere così. Sotto la minaccia della guerra, l'umanità è inchiodata su una croce d'acciaio».

Oggi ci interpella con urgenza il celebre monito con cui John F. Kennedy si rivolse all'Assemblea generale delle Nazioni Unite, il 25 settembre 1961: «L'umanità deve porre fine alla guerra, o la guerra porrà fine all'umanità».

Conclusione
Dall'Europa, la salvezza

L'Europa conosce bene le guerre. Nel corso dei secoli, ha sacrificato sull'altare di ideologie etnonazionaliste generazioni di uomini e di donne. Per questo ha il dovere morale di fare l'impossibile per arrestare la deriva vertiginosa che tutto il mondo sta vivendo. Deve evitare la trappola tesa dall'alleanza tra le industrie della difesa e i grandi gruppi dell'alta tecnologia, per cui la guerra permanente e una visione securitaria della società sono fonte di infiniti profitti.

Nel periodo tragico che attraversiamo, la soluzione può venire solo da un'Europa unita e capace di prendere le distanze dal militarismo che avanza. Tuttavia, per il momento, questa non è che una pia speranza. Messa all'angolo dai ricatti di Trump sui dazi, l'Ue si è piegata e ha annunciato grandi progetti di riarmo. Sono state menzionate somme enormi, in particolare a marzo 2025 uno stanziamento di 800 miliardi di euro su quattro anni in prestiti e sforamenti di bilancio autorizzati dalla Commissione europea. Questo piano è stato accolto inizialmente con scetticismo, perché la costruzione di nuovi sistemi militari richiede tempo, e aumentare la produzione di armi e munizioni comporta un potenziamento industriale che molti Paesi europei sono riluttanti a considerare.

Almeno, così sembrerebbe. Se non fosse che un'inchiesta molto sofisticata del «Financial Times», pubblicata il 12 agosto 2025, scatta una fotografia molto più inquietante del volto del nostro continente. Analizzando migliaia di immagini satellitari, il quotidiano ha stabilito che il ritmo di espansione fisica delle fabbriche di armamenti è triplicato dall'inizio della guerra in Ucraina. Il fenomeno riguarda tutti i Paesi d'Europa, in particolare la Germania, la Francia, i Paesi nordici e in misura minore l'Italia, la Spagna e la Gran Bretagna. «I dati mostrano che il rilancio della difesa europea, promesso da lungo tempo e sostenuto da un'iniezione di sovvenzioni pubbliche, comincia a concretizzarsi non solo nei discorsi politici o nelle promesse di investimento, ma anche nel cemento e nell'acciaio» scrive il «Financial Times». «L'ampiezza e la diffusione dei lavori rilevati suggeriscono un cambiamento epocale in materia di riarmo, con cui l'Europa passa da una produzione di tempo di pace alla costruzione di una base industriale che prepara alla guerra.» Il commissario europeo alla difesa, Andrius Kubilius, ha precisato al «Financial Times» che dall'invasione russa dell'Ucraina la capacità produttiva annuale di munizioni europea è passata in tre anni da 300mila proiettili a circa 2 milioni.[1] Uno dei protagonisti di questa accelerazione è il gigante tedesco Rheinmetall, che il 27 agosto 2025 ha inaugurato, alla presenza di Mark Rutte, segretario generale della Nato, la più grande fabbrica di munizioni d'Europa a Unterlüss, vicino a Hannover, e annunciato piani di espansione in altri Paesi del continente.

«Incontrarsi faccia a faccia è meglio della guerra» disse Winston Churchill – che non può essere accusato di timidezza di fronte ai conflitti – in un discorso del 1954 davanti alla Casa Bianca. L'eco delle sue parole, come di quelle di Eisenhower e Kennedy, oggi risuona invano. Eppure sappiamo tutti a chi tocca morire e chi ci guadagna. Il patriottismo, che ha spinto mio padre Charles ad andare a combattere nelle trincee, è l'ennesima forma di disuguaglianza. Le élite che si riempiono la bocca di amore per la «nazione» raramente finiscono al fronte. Al contrario, i meno abbienti non riescono a scampare alla chiamata alle armi. E i più disperati si illudono di sfuggire alla loro condizione imbarcandosi in un'avventura presentata come eroica.

Oggi come ieri, i miliardi spesi per preparare le guerre e per combatterle sono un enorme capitale sottratto al progresso economico e sociale. L'Europa è un'esperienza unica di convivenza, una comunità allargata che ha prodotto la prosperità di cui oggi godiamo. E la prosperità può essere garantita solo se è condivisa in modo equo. Il rischio è seguire l'esempio americano, in cui lo Stato ha abdicato al suo ruolo di equalizzatore sociale. L'Europa deve rimanere il laboratorio di un'esperienza umanista lontana dalla plutocrazia di Putin e dall'avidità arrogante di Trump. La forza che possiamo far valere non è solo quella della ricchezza economica della comunità – che pure esiste – ma quella del rispetto del diritto e della morale.

Françoise Thom, una storica specialista dell'Urss e poi della Russia, scriveva a metà agosto su «Le Monde»: «Bisogna che l'Europa prenda coscienza che ha delle carte da giocare. L'America di Trump non può da sola riportare a galla l'economia russa. Senza saperlo, gli europei sono in posizione di forza. Storicamente, l'Impero russo ha retto solo grazie agli europei cooptati dal potere russo. Oggi, dopo la loro esperienza disastrosa con l'autarchia e il pivot verso la Cina, i russi hanno la consapevolezza acuta della loro dipendenza nei confronti dell'Europa».[2]

Rispetto allo scenario mediorientale, occorre più determinazione di fronte al progetto coloniale del governo ultranazionalista di Netanyahu. La solidarietà con Israele dell'opinione pubblica europea dopo il terribile massacro commesso da Hamas il 7 ottobre 2023, si è dissolta dinanzi all'annientamento sistematico della Striscia di Gaza e della sua popolazione. Lo scrittore David Grossman ha dichiarato che «la vendetta non può costituire una politica». Grossman ha pagato un prezzo personale per la difesa dello Stato ebraico: suo figlio Uri è stato ucciso negli ultimi giorni della guerra lanciata da Israele in Libano nel 2006. E tuttavia oggi non esita a usare parole pesanti: «La combinazione di queste due parole, "Israele" e "genocidio", mi interpella fin dall'inizio». Aggiunge: «Riconoscendo i nostri errori, grazie a un'alleanza regionale e alla creazione di uno Stato palestinese accanto al nostro, usciremo da questo cerchio demoniaco che consente di presentare Israele con queste parole terrificanti».[3]

La risposta dell'Unione europea alle azioni di Israele è stata a lungo timida, con infinite e inutili discussioni su sanzioni o embarghi agli armamenti, senza dubbio per paura dell'accusa di antisemitismo o di complicità con Hamas. Ma anche in questo campo, l'Europa deve parlare con voce più chiara e autorevole. E presentare una tabella di marcia verso la pace, concreta e realistica. Liel Maghen, il direttore dell'Israel/Palestine Center for Research and Information, ha scritto a metà giugno 2025, in un lungo articolo sul sito di Friends of Europe: «Sono israeliano, ho perso amici il 7 ottobre, alcuni sono stati assassinati, altri cacciati dalle loro case e dalle loro comunità. Porto ogni giorno il peso di questo dolore. Ma anche quello della vergogna. Quello che succede a Gaza – massacri, fame, distruzioni – non è commesso in mio nome. È ingiustificabile. Prima di tutto, occorre dirlo con chiarezza». E ha fatto appello agli amici d'Israele, in particolare in Europa, per aiutare «ad aprire un nuovo capitolo di riconciliazione e ricostruzione» in Palestina. «Questa crisi non è solo una catastrofe umanitaria; è una svolta geopolitica. E se l'Europa vuole evitare di rendersi complice di una guerra senza fine, deve andare oltre le condanne e le sanzioni.»[4]

In realtà, un piano di salvataggio della Palestina e di Israele esiste da diversi anni. Ha visto la luce nel 2022, sotto l'egida di Hiba Husseini, avvocata e consigliera dell'Autorità palestinese, e di Yossi

Beilin, ex ministro della Giustizia dello Stato ebraico. Questo piano è stato ampiamente discusso, nel marzo 2025, nel quadro di una conferenza dell'Institute for Cultural Diplomacy di Potsdam chiamata The Berlin Initiative. L'obiettivo è affrontare i punti di attrito che rendono impraticabile la soluzione di due Stati, soprattutto dopo l'esplosione di violenza a Gaza.

L'idea di base del piano Husseini-Beilin, battezzato Confederazione della Terra Santa (Chl, in inglese), è che la pace nella regione può venire solo dalla cooperazione dei due popoli, e non dalla loro separazione. Come spiega il documento di marzo: «L'obiettivo è di negoziare una soluzione confederale a due Stati in uno spirito di "coabitazione" per uscire dalla traiettoria di negoziazioni motivate da una volontà di "divorzio". La Confederazione della Terra Santa che viene proposta non si sostituisce a due Stati sovrani, così come l'Unione europea non è un'alternativa agli Stati indipendenti d'Europa».[5]

La Chl prevede quindi, come condizione preliminare, la creazione di uno Stato palestinese, ma gli conferisce immediatamente un ruolo di partner, e non di avversario come potrebbe implicare la soluzione di due Stati.

Il concetto era già ben presente alle Nazioni Unite quando, il 29 novembre 1947, l'Assemblea generale adottò la risoluzione 181, per la partizione della Palestina. Auspicando la creazione di due Stati distinti, si raccomandava infatti che venisse organizzata un'«unione economica». La logica è chiara: si tratta di un territorio molto piccolo (circa 28mila chilometri quadrati, poco più delle dimensioni del Piemonte), in cui le linee di demarcazione sono artificiali. Una frontiera permeabile porterebbe vantaggio a tutti. I due Stati avrebbero ogni interesse a risolvere di comune accordo diverse questioni, in particolare l'utilizzo delle risorse naturali, la sicurezza interna e la difesa delle frontiere, l'assetto del territorio, la salute pubblica, le sfide ecologiche. Problemi pratici che invece annegano nella cacofonia alimentata dagli estremisti di tutti gli schieramenti, che siano ebrei messianici o musulmani islamisti. Trovo però rassicurante constatare che, in piena catastrofe umanitaria a Gaza, esistono ancora da entrambe le parti, e nella comunità internazionale, voci ragionevoli che sviluppano soluzioni concrete.

Un elemento chiave della proposta Chl è l'assunto secondo cui un numero concordato di cittadini di ogni Stato sarebbe autorizzato a vivere nell'altro, ovviamente a patto di rispettarne le leggi. Questo eliminerebbe un grosso ostacolo alla conclusione di un accordo di pace: la necessità di evacuare con la forza decine di migliaia di israeliani, insediatisi su terre palestinesi. I coloni risiederebbero in uno Stato palestinese, ma resterebbero nella loro patria biblica. Come contropartita, un numero equivalente di cittadini palestinesi si vedrebbe offrire lo status di residente permanente in Israele. L'accordo dovrebbe includere una tabella di marcia precisa con altre tappe importanti per la pacificazione, tra cui la trasformazione di Gerusalemme in una città interamente aperta.

Gli autori di questo documento sanno bene che mettere in pratica il piano non è certo una passeggiata. Ma sottolineano che non è una proposta meno realistica rispetto a «una soluzione a due Stati che implichi l'evacuazione di più di 100mila coloni, o a una soluzione a uno Stato solo, o ancora al mantenimento dello status quo». In un articolo pubblicato sul magazine «Foreign Policy» del 23 maggio 2022, Husseini e Beilin scrivevano: «Siamo convinti che la confederazione israelo-palestinese che proponiamo, ispirata al modello dell'Unione europea, porterà maggiore cooperazione economica, una migliore sicurezza, e lo sviluppo di iniziative destinate a rafforzare la comprensione reciproca e a ridurre la mutua ostilità». E ancora: «Se la situazione lo permetterà, la frontiera diventerà più permeabile in futuro, fino a che i due popoli smetteranno di sentire l'altro Paese come "straniero", avendo facile accesso ai luoghi con i quali sentono un legame storico, religioso, culturale o familiare. [...] Prevediamo anche una serie di misure che favoriscano la riconciliazione tra le parti, in particolare l'obbligo di studiare l'ebraico e l'arabo in tutte le scuole della Confederazione, l'apertura reciproca degli archivi e una segnaletica bilingue in tutti i luoghi storici».[6]

Naturalmente una visione così umanista e ragionevole rimarrà lettera morta finché saranno al comando estremisti israeliani e palestinesi. Ma verrà il tempo in cui la violenza dovrà fermarsi, sotto le pressioni dell'Europa, dei Paesi arabi, forse del Sud globale, ma certamente non degli Stati Uniti, che hanno abbandonato da tempo il loro ruolo di *honest broker*, di arbitro imparziale. Il tempo della pace verrà quando i popoli israeliano e palestinese troveranno in sé la forza di dimenticare il passato. Gli ebrei non possono più presentarsi solo come le vittime delle persecuzioni antisemite in Europa, culminate nell'orrore dell'Olocausto. Israele non può più pretendere di vivere in uno stato permanente di pericolo esistenziale, dopo che con il sostegno incrollabile degli Stati Uniti ha preso il controllo militare della regione, dall'Iran allo Yemen. Come scriveva l'autore palestinese Edward Said, nel saggio del 1979 *The Question of Palestine*, oggi i palestinesi sono «le vittime delle vittime». Ma anche loro dovranno elaborare il lutto per la Nakba, l'espulsione violenta dalle loro terre di oltre 700mila persone tra il 1947 e il 1948. I rifugiati di allora si sono trasformati in una diaspora che ha disseminato i suoi talenti in tutto il mondo. È quindi indispensabile immaginare, come hanno fatto Husseini e Beilin, un futuro comune, piuttosto che continuare a lamentarsi delle ferite del passato. Ma affinché questo futuro veda la luce, Netanyahu e il suo branco di ultranazionalisti, e quello che resta dei fanatici di Hamas, devono essere messi fuori gioco da una comunità internazionale indipendente dai diktat americani.

Ho cercato negli Stati Uniti una fonte di conforto di fronte alla banalità del male rappresentata da Trump e dalla sua cricca e alla loro dichiarazione di guerra alla libertà, alla morale, al diritto, alla giustizia. Per l'Europa e per l'Occidente, è questo infatti il vero pericolo, il vero conflitto. Come scrive Thomas Friedman su «The New York Times» del 19 agosto 2025, «Trump non assomiglia a nessun altro presidente americano degli ultimi ottant'anni. Non avverte alcuna solidarietà con l'alleanza transatlantica e con l'impegno comune in favore della democrazia, del libero mercato, dei diritti umani e dello Stato di diritto, nemmeno se questi hanno generato il più grande periodo di prosperità e stabilità per la maggior quantità di popoli nella storia del mondo».[7]

La resistenza a Trump e al modello che lui rappresenta deve seguire l'esempio della California il cui governatore, il democratico Gavin Newsom, ha lanciato un appello alla rivolta contro la deriva autocratica imposta dal presidente. Ho seguito su YouTube il discorso del 14 agosto 2025 in cui – dopo anni di attacchi di Trump e dei repubblicani contro la California – Newsom ha celebrato il suo Stato e i principi che incarna. «Siamo a Los Angeles, la città più diversificata, nella contea più diversificata, nello Stato più diversificato, nella democrazia più diversificata al mondo» ha dichiarato. «E credo da tempo che il mondo guardi a noi come a una prova del fatto che si può vivere insieme, progredire insieme e prosperare insieme nonostante tutte le differenze immaginabili. La grandezza di Los Angeles, della California e degli Stati Uniti d'America sta nel fatto che non ci limitiamo a tollerare la nostra diversità: noi la celebriamo e ne siamo orgogliosi» ha detto. Newsom ha definito la democrazia come «assediata» da un presidente che «non gioca secondo regole diverse: non crede proprio nelle regole». E ha lanciato una sfida chiara: «Non possiamo restare a guardare con le braccia conserte mentre questa democrazia scompare, zona per zona, ovunque nel Paese». Trovo importante l'appello finale del governatore alla responsabilità individuale, al riconoscimento del potenziale che ognuno ha per agire e fare la differenza: «Non siamo spettatori in questo mondo. Possiamo plasmare il futuro».

Epilogo

«Sono convinta che un giorno i bambini, a scuola, studieranno la storia degli uomini che facevan la guerra come si studia un'assurdità. Se ne stupiranno, se ne scandalizzeranno come oggi si scandalizzano del cannibalismo.»
Golda Meir intervistata da Oriana Fallaci

La guerra non è una catastrofe naturale. Non è un cataclisma in cui la Terra si rivolta contro la specie umana. È un comportamento prevedibile, ed evitabile, con cui la specie umana si rivolta contro se stessa. È senz'altro la più stupida delle nostre attività e ci affligge da millenni, esattamente come hanno sempre fatto le grandi epidemie, le carestie, i cambiamenti climatici. Ma attraverso i secoli abbiamo studiato e lavorato per liberarci da questi flagelli costati milioni di vittime e oggi in molti Paesi del mondo nessuno parla più di peste o di colera. Il Covid ci ha ricordato, molto opportunamente, che siamo vulnerabili ma che grazie alla scienza e alla cooperazione ci possiamo salvare. La guerra, dunque, è un anacronismo, un passo indietro nella nostra evoluzione. Sebbene sembri ancora affascinare molti, è l'espressione più compiuta della nostra decadenza.

Nel *Leviatano*, del 1651, il filosofo Thomas Hobbes identifica tre ragioni principali per i conflitti. La prima è la competizione per le risorse: si attacca per conquistare territori e ricchezze. La seconda è la diffidenza, cioè la percezione, fondata o meno, di un pericolo imminente che bisogna eliminare prima che prenda forma. E poi c'è la gloria, il desiderio di ottenere il sostegno del popolo e forgiare per la posterità un'immagine eroica. Oggi ritroviamo questi elementi nei tre più grandi fomentatori di conflitti del nostro tempo: Putin, Netanyahu e Trump.

Ned Dobos, docente alla New South Wales University, nel suo articolo *Military Abolitionism: A Critical Typology* illustra perfettamente quanto questi personaggi contemporanei siano in realtà delle reliquie del passato.[1] Il testo ha aperto un dibattito su come liberarsi del militarismo e delle sue istituzioni. È un tema ancora più urgente da quando Trump ha trasformato il Dipartimento della Difesa (il Pentagono) in Dipartimento della Guerra, e ha instaurato un sistema di censura che impedisce la pubblicazione di qualsiasi informazione di natura militare che non sia certificata come «ufficiale».

Nel suo articolo, e in altre pubblicazioni, Dobos distingue nettamente tra il pacifismo, che si oppone alla guerra per ragioni morali, e l'abolizionismo, che propone l'eliminazione per gradi degli eserciti permanenti e delle industrie della difesa. Vede in questa progressione la logica conseguenza dello sviluppo delle società umane, che ricorrono sempre meno alla violenza per regolare le proprie divergenze. I tempi, nota, sono cambiati da quando gli Stati si attaccavano regolarmente e avevano bisogno delle forze armate per difendere i propri cittadini: uno studio della RAND Corporation rivela che «le guerre tra Stati sono diventate rare». Steven Pinker, professore a Harvard, lo scriveva già in un articolo del 2013, *The Decline of War and Conceptions of Human Nature*: «Dopo seicento anni durante i quali i Paesi dell'Europa occidentale scatenavano due guerre all'anno, non ne hanno più ingaggiate dal 1945».[2] Pinker collega questo fenomeno positivo al generale aumento del benessere nell'Europa occidentale, e alla consapevolezza da parte dell'Unione europea che la cooperazione è fonte di prosperità, mentre i conflitti distruggono ricchezze.

Questo potrebbe essere vero solo per il nostro angolo di mondo. Ma ci sono argomenti razionali, e validi per tutti, per difendere l'idea di una smilitarizzazione globale. Il primo è di puro buon senso: anche se certe guerre possono essere considerate «giuste», nulla garantisce che uno Stato dotato di un apparato militare permanente non decida di usarlo per quelle «sbagliate». Pensiamo agli Usa: dopo aver creato una forza unica al mondo per aiutare a sconfiggere i nazisti e i giapponesi loro alleati, hanno cominciato a imbarcarsi in avventure disastrose in Corea, in Vietnam, in Medio Oriente e altrove.

Due altri pericoli sono evidenti per i Paesi che mantengono eserciti permanenti e li pongono al cuore delle proprie società. Per le nazioni dalle strutture politiche fragili c'è il rischio concreto del colpo di Stato: «Durante la seconda metà del XX secolo» scrive Dobos «nel mondo si sono avuti 471 tentativi di colpo di Stato, di cui 232 hanno avuto successo. In quei decenni, la maggioranza dei Paesi ne ha conosciuto almeno uno: fino all'80 per cento dei Paesi dell'Africa subsahariana, il 76 per cento dei Paesi dell'Africa del Nord e del Medio Oriente e il 67 per cento dei Paesi dell'America Latina. Una media di circa nove tentativi di colpo di Stato all'anno per cinquant'anni». Il secondo rischio riguarda più che altro società come la nostra, ancorate in una democrazia partecipativa solida. Le strutture militari hanno a più riprese dimostrato la loro tendenza a limitare la libera circolazione dell'informazione – come mostrano le già citate nuove regole del Pentagono – e questo evidentemente è in contrasto con il controllo democratico che è un principio cardine delle nostre istituzioni.

C'è anche un altro aspetto, che può sembrare più filosofico ma ha risvolti molto concreti. Uno Stato che mantiene un esercito implicitamente considera il ricorso alla violenza come un mezzo legittimo ed efficace per risolvere i problemi. In una democrazia sana, al contrario, i cittadini rifiutano la violenza come strumento per raggiungere obiettivi politici. La guerra e la democrazia sono dunque in totale contraddizione. E non per niente vediamo sotto i nostri occhi l'erosione della democrazia in Paesi come Israele e Stati Uniti, e la conferma del suo fallimento in Russia.

Come abbiamo visto, creare un esercito, armarlo, e ancora più muovere guerra sono attività costose. Ricchezze sottratte alle reali urgenze della collettività, allo stato sociale, al progresso economico e culturale dei popoli e dunque al mantenimento di una sana convivenza civile. Senza parlare dello straordinario livello di corruzione e di spreco in strutture amministrative e industriali che non hanno alcun rispetto per l'onestà e la trasparenza.

Infine, la permanenza di un'istituzione militare rafforza nei cittadini la percezione di un possibile pericolo. Soprattutto in tempi di tensioni, crea un contesto in cui la critica del sistema è considerata antipatriottica o addirittura in odore di tradimento.

La «grande muta», come era chiamato l'esercito in Francia all'inizio del XX secolo, può molto rapidamente diventare il «grande bavaglio» per chi si azzarda ad avanzare critiche. Il recente spiegamento di forze della Guardia Nazionale negli Stati Uniti ne è il miglior esempio.

Non è questo il mondo in cui vogliamo vivere. Eppure oggi, mentre potenti scriteriati o criminali attizzano continuamente i fuochi dell'odio, l'idea di difendere e portare avanti una politica di disarmo e di abolizione degli eserciti e del complesso militare-industriale va decisamente controcorrente. E l'unica a potersi muovere in questa direzione ostinata e contraria è l'Europa. Un'Europa rinnovata, naturalmente, che rinunci alle intenzioni bellicose dimostrate negli ultimi mesi. Un'Europa che deve sostituire il vecchio concetto di dissuasione con quello ancora più antico di persuasione. Un'Europa di elettori capaci di neutralizzare, con il loro voto, tendenze etno-nazionaliste radicate nella brutalità di ideologie del passato. Un'Europa di governi abbastanza lungimiranti da investire i soldi dei contribuenti in progetti utili al loro sviluppo e al loro benessere, anziché riempire le profondissime tasche di chi si arricchisce con la guerra. Questa è l'Europa che dobbiamo pretendere e meritare, con la nostra consapevolezza e la nostra azione di cittadini.

Note

1. Il corpo corrotto

[1] Archives Départementales de Saône-et-Loire, https://lc.cx/q_9epQ.

[2] Le citazioni sono tratte da Erich Maria Remarque, *Niente di nuovo sul fronte occidentale*, traduzione di Stefano Jacini, Neri Pozza, Vicenza 2016.

[3] Amira Hass, *Israeli Soldiers' Excrement in Cooking Pots: When the Idf Took Over Hundreds of Houses in the West Bank*, «Haaretz», 28 luglio 2025, https://shorturl.at/mQnNy.

[4] Dave Grossman con Loren W. Christiansen, *On Combat. The Psychology and Physiology of Deadly Conflict in War and Peace*, Human Factor Research Group, Millstadt (IL) 2008.

[5] Matthieu Le Bailly, *Des parasites intestinaux chez les soldats de 14-18*, «Cnrs Le Journal», 27 gennaio 2015, https://shorturl.at/lMHKK.

[6] Le citazioni sono tratte da Norman Mailer, *Il nudo e il morto*, traduzione di Chiara Stangalino, La Nave di Teseo, Milano 2020.

[7] Le citazioni sono tratte da Karl Marlantes, *Matterhorn*, traduzione di Gianni Pannofino, Solferino, Milano 2023.

2. La corruzione delle menti

[1] *Mental Health in Group of War Veterans and Their Spouses in Qom*, «Research in Medicine», 2003, n. 27(4), pp. 305-312, https://shorturl.at/HGnic.

[2] Zahra Maddah *et al.*, *Challenges of Living with Veterans with Post-Traumatic Stress Disorder from the Perspective of Spouses: A Qualitative Content Analysis Study*, «BMC Psychiatry», 2024, n. 151, https://shorturl.at/BQmO0.

[3] Iran Human Rights, *Executions for Drug-Related Charges in 2024*, 20 febbraio 2025, https://shorturl.at/SRAI4.

[4] *Iran's Drug Problem: Addicts «More Than Double» in Six Years*, BBC, 25 giugno 2017, https://shorturl.at/sVpZr.

[5] Katherine Schaeffer, *The Changing Face of America's Veteran Population*, Pew Research Center, 8 novembre 2023, https://bit.ly/47VsKn2.

[6] U.S. Department of Veterans Affairs, National Center for Ptsd, *How Common is Ptsd in Veterans?*, https://bit.ly/4mJ1Za0.

[7] Maura McGinnity, *What Should the US Learn From New York's and Portugal's Approaches to the Opioid Crisis?*, «AMA Journal of Ethics», luglio 2024, https://shorturl.at/emFx5.

[8] National Center for Health Statistics, *U.S. Overdose Deaths Decrease almost 27% in 2024*, https://shorturl.at/Olf4N.

[9] Joseph A. Boscarino *et al.*, *Impact and Risk of Moral Injury Among Deployed Veterans: Implications for Veterans and Mental Health*, «Frontiers in Psychiatry», 2022, vol. 13, https://shorturl.at/3ySC4.

[10] Ned Dobos, *The Sacrifices of War: Can Soldiers Be Trained To Kill Without Being Morally Damaged?*, ABC – Religion & Ethics, 2 gennaio 2024, https://shorturl.at/YhGRU.

[11] Seth G. Jones e Riley McCabe, *Russia's Battlefield Woes in Ukraine*, Center for Strategic and International Studies, 3 giugno 2025, https://shorturl.at/c73LZ.

[12] Paul Goble, *Russian Army's Degradation in Ukraine Makes Returning Veterans Even Greater Threat*, Jamestown Foundation, 29 maggio 2025, https://shorturl.at/nlY5D.

[13] Department of Homeland Security, *Secretary*

Noem Announces 1.6 Million Illegal Aliens Have Left the U.S., 14 agosto 2025, https://shorturl.at/gFLPq.

[14] Will Craft e Andrew Witherspoon, *By the Numbers: The Latest Ice and CBP Data on Arrests, Detentions and Deportations in the US*, «The Guardian», 29 agosto 2025, https://shorturl.at/ePvlX.

[15] Laura Lucchini, Fabio Tonacci e Natasha Caragnano, *Gaza tabula rasa*, «la Repubblica», https://shorturl.at/ZJB4n.

[16] The Israeli Information Center for Human Rights in the Occupied Territories, *Land Grab: Israel's Settlement Policy in the West Bank*, maggio 2002, https://shorturl.at/dNgI6.

[17] Shay Hazkani e Tamir Sorek, *Yes to Transfer: 82% of Jewish Israelis Back Expelling Gazans*, «Haaretz», 28 maggio 2025, https://archive.md/AcJGs.

[18] Yaniv Kubovich, *«You Don't Understand How Burned Out We Are»: Inside Northern Gaza's Flattened Beit Hanoun with Israeli Soldiers*, «Haaretz», 1° agosto 2025.

[19] Tzur Gueta, *One in Eight Idf Reservists reports Ptsd after Gaza War, Study Shows*, Ynetnews, https://shorturl.at/xy1XO.

[20] Yovan Zitun, *Defense Ministry Sounds Alarm on Worsening Mental Health Crisis Among War Veterans*, Ynetnews, 27 luglio 2025, https://shorturl.at/tyAdY.

[21] Emanuel Fabian, *More Than 10,000 Idf Soldiers*

Have Been Treated for Mental Health Issues Since Oct. 7, «The Times of Israel», 14 settembre 2025, https://shorturl.at/t00b3.

[22] Stav Levaton ed Emanuel Fabian, *Idf Suicides Tied to Combat Trauma, Internal Probes said to Reveal*, «The Times of Israel», 3 agosto 2025, https://shorturl.at/mWR2v.

3. La corruzione delle società umane

[1] Inclusi il budget del Pentagono e delle attività militari finanziate da altre agenzie.

[2] William D. Hartung e Stephen Semler, *Profits of War: Top Beneficiaries of Pentagon Spending, 2020-2024*, Watson School of International and Public Affairs e Quincy Institute for Responsible Statecraft, 8 luglio 2025, https://shorturl.at/OW8V9.

[3] Dati del Stockholm International Peace Research Institute (Sipri).

[4] Chiara Rossi, *Difesa, chi spende di più e chi spende meno. Report Sipri*, «Start Magazine», 28 aprile 2025, https://shorturl.at/AapxV.

[5] Watson School of International and Public Affairs, *U.S. Federal Budget*, dati aggiornati a giugno 2025, https://rb.gy/y853ld.

[6] Kiel Institute for the World Economy, *Ukraine*

Support after 3 Years of War: Aid Flows Remain Low but Steady – Shift towards Weapons Procurement, 14 febbraio 2025, https://shorturl.at/qURRw.

[7] Linda J. Bilmes, William D. Hartung e Stephen Semler, *United States Spending on Israel's Military Operations and Related U.S. Operations in the Region, October 7, 2023 – September 30, 2024*, Watson School of International and Public Affairs, 7 ottobre 2024, https://shorturl.at/J87sj.

[8] John Hudson, *U.S. Floods Arms into Israel Despite Mounting Alarm Over War's Conduct*, «The Washington Post», 6 marzo 2024, https://shorturl.at/nDr8D.

[9] Linda J. Bilmes, William D. Hartung e Stephen Semler, *United States Spending on Israel's Military Operations and Related U.S. Operations in the Region, October 7, 2023 – September 30, 2024*, cit.

[10] Mathew George, Katarina Djokic, Zain Hussain, Pieter D. Wezeman e Siemon T. Wezeman, *Trends in International Arms Transfers, 2023*, Sipri Fact Sheet, marzo 2024, https://doi.org/10.55163/PBRP4239.

[11] Mathew George, Katarina Djokic, Zain Hussain, Pieter D. Wezeman e Siemon T. Wezeman, *Trends in International Arms Transfers, 2024*, Sipri Fact Sheet, marzo 2025, https://doi.org/10.55163/XXSZ9056.

[12] William D. Hartung e Stephen Semler, *Profits of War: Top Beneficiaries of Pentagon Spending, 2020-2024*, cit.

[13] Watson School of International and Public Affairs, *Human and Budgetary Costs to Date of the U.S. War in Afghanistan, 2001-2022*, agosto 2021, https://shorturl.at/GcFry.

[14] Heidi Peltier, *Wartime Contract Spending in Afghanistan Since 2001*, Watson School of International and Public Affairs, 9 agosto 2022, https://shorturl.at/GTFV0.

[15] Joseph E. Stiglitz e Linda J. Bilmes, *The True Cost of the Iraq War: $3 Trillion and Beyond*, «The Washington Post», 5 september 2010, https://shorturl.at/Qvca4.

[16] Gilbert Burnham, Riyadh Lafta, Shannon Doocy, Les Roberts, *Mortality After the 2003 Invasion of Iraq: A Cross-Sectional Cluster Sample Survey*, «The Lancet», 11 ottobre 2006, DOI:10.1016/S0140-6736(06)69491-9.

[17] David Pallister, *How the US Sent $12bn in Cash to Iraq. And Watched It Vanish*, «The Guardian», 8 febbraio 2007, https://shorturl.at/V5w4R.

[18] Special Inspector General for Iraq Reconstruction, *Final Report to the United States Congress*, 9 settembre 2013, https://share.google/MasbbS4xBTxo6khPH.

[19] Brad Dress, *Pentagon Fails 7th Audit in a Row but Says Progress Made*, «The Hill», 15 novembre 2024, https://shorturl.at/03Ssz.

[20] Julia Gledhill, *Pentagon Can't Account for 63% of*

Nearly $4 Trillion in Assets, «Responsible Statecraft», 4 dicembre 2023, https://shorturl.at/AkgoN.

[21] *Ibidem*.

[22] William D. Hartung e Stephen Semler, *Profits of War: Top Beneficiaries of Pentagon Spending, 2020-2024*, cit.

[23] Tabby Kinder e Tim Bradshaw, *Tech Bosses Spend Millions More on Personal Security*, «Financial Times», 15 agosto 2025.

[24] Stavroula Pabst, *Do Venture Capitalists Want Forever War?*, «Responsible Statecraft», 5 dicembre 2023, https://shorturl.at/Dz6sP.

[25] William Hartung, *Entering a Golden Age for War Profiteers*, Foreign Policy In Focus, 28 luglio 2025, https://shorturl.at/vMNTS.

[26] National Institute for Criminal Justice Reform, *Gun Violence Problem Analysis Summary Report*, dicembre 2021, https://share.google/phCTMRJBCrH7CRBqw.

[27] David Brooks, *America's New Segregation*, «The New York Times», 14 agosto 2025.

Conclusione. Dall'Europa, la salvezza

[1] Laura Dubois, David Djambazov e Chris Cook, *Europe Builds for War as Arms Factories Expand at Triple Speed*, «Financial Times», 12 agosto 2025.

[2] Françoise Thom, *Faced with Putin, Europeans*

Are in a Position of Strength without Realizing It, «Le Monde», 13 agosto 2025.

[3] Nicolas Weill, *David Grossman, écrivain israélien: «Je cherche à me ménager un accès direct au cœur de l'incendie»*, «Le Monde», 14 agosto 2025.

[4] Liel Maghen, *Beyond Sanctions: Five Strategic Tools the EU Must Use to End the War in Gaza and Rebuild for Peace*, Friends of Europe, 12 giugno 2025, https://shorturl.at/AQrr5.

[5] The Berlin Initiative, *The Holy Land Confederation as a Facilitator for the Two-State Solution*, 2025, https://shorturl.at/QYG4R.

[6] Hiba Husseini, Yossi Beilin, *An Israeli-Palestinian Confederation Is the Best Path to Peace*, «Foreign Policy», 23 maggio 2022, https://shorturl.at/od9CH.

[7] Thomas L. Friedman, *Ukraine Diplomacy Reveals How Un-American Trump Is*, «The New York Times», 19 agosto 2025.

Epilogo

[1] Ned Dobos, *Military Abolitionism: A Critical Typology*, « International Studies Quarterly», vol. 66, n. 2, giugno 2022, https://doi.org/10.1093/isq/sqac018.

[2] Steven Pinker, *The Decline of War and Conceptions of Human Nature*, «International Studies Review», vol. 15, n. 3, 2013, https://shorturl.at/RMZsH.

Ringraziamenti

Grazie a mia moglie Lilli, per avermi incoraggiato a scrivere questo libro e per essere sempre al mio fianco, ogni giorno, in ogni progetto.

Grazie al mio amico Luca e alle nostre discussioni settimanali, da cui è nata questa idea – e sono sicuro ne nasceranno molte altre.

Grazie a mia cognata Micki, che con la sua ospitalità sudtirolese sostiene da sempre il lavoro del «dream team».

Grazie a Michela Gallio e all'editore Solferino, per la rapidità e l'entusiasmo con cui tutta la squadra ha accolto e seguito questa pubblicazione, e a Sara Grazioli per l'impeccabile cura redazionale.

Indice

Prefazione *di Lilli Gruber* 7

1. Il corpo corrotto 15
2. La corruzione delle menti 47
3. La corruzione delle società umane 87

Conclusione. Dall'Europa, la salvezza 127

Epilogo 141

Note 147

Ringraziamenti 157

Questo libro è stampato fabbricato da Grafica Veneta S.p.A.
con un processo di stampa e rilegatura certificato 100% carbon neutral
in accordo con PAS 2060 BSI

Finito di stampare nel mese di ottobre 2025
per conto di RCS MediaGroup S.p.A.
da Grafica Veneta S.p.A., Via Malcanton 2, Trebaseleghe (PD)
Printed in Italy